아이가 주인공인 책

아이는 스스로 생각하고 성장합니다.
아이를 존중하고 가능성을 믿을 때
새로운 문제들을 스스로 해결해 나갈 수 있습니다.

길벗스쿨의 학습서는 아이가 주인공인 책입니다.
탄탄한 실력을 만드는 체계적인 학습법으로
아이의 공부 자신감을 높여줍니다.

가능성과 꿈을 응원해 주세요.
아이가 주인공인 분위기를 만들어 주고,
작은 노력과 땀방울에 큰 박수를 보내 주세요.
길벗스쿨이 자녀 교육에 힘이 되겠습니다.

📢 30만 독자가 선택한 <기적의 영어문장 만들기>
이 책을 공부한 '기적의 학습단' 생생 후기

아이와 역할을 나눠 만화 속 대화를 읽으면서 문법 개념을 먼저 익혔어요. 영어 문장을 직접 쓰는 연습을 반복하다 보니 문장 구조를 자연스럽게 이해할 수 있어요. 문장 만들기에 자신 없던 아이가 문장을 쓰면서 문장의 구조, 어순, 문법을 익히고 작문에도 관심을 보였어요. 자신 있게 영어 문장을 만들 수 있기를 기대합니다.

– 5학년 학부모 **혜린맘** 님

블록을 연결하듯이 단어를 늘려가며 문장을 만들어서 아이가 재미있고 쉽게 느껴요. 문법을 공부하지 않았는데 문장을 쓰면서 구문을 저절로 익히고 문법 공부도 자연스럽게 되어 정말 좋아요. 집에서도 이 책의 학습 단계를 따라 하기만 하면 기본 문법과 작문이 가능하구나 싶어요. 아이가 문장 쓰기에 자신감이 생겼답니다.

– 6학년 학부모 **꿈꾸는일상** 님

아이와 본격적으로 영문법을 공부하기 전에 함께 공부할 교재로 선택했어요. 짧고 간단한 기본 문형으로 문장의 구조를 익히니까 쉽게 시작할 수 있어요. 이제는 아이가 어순에 맞춰 문장을 써서 혼자 쓰더라도 실수가 적어요. 문장 해석도 자연스러워졌어요. 정말 기특하네요.

– 5학년 학부모 **쿤쿠니** 님

혼자서 공부하기에 너무 좋은 책이에요. 이 책은 정말 아이가 자기주도로 공부한 교재예요. 단어가 문장 성분마다 다른 색의 블록으로 제시되어 있어서 단어가 문장에서 어떤 역할을 하는지 직관적으로 알 수 있어요. 또 아이가 블록의 순서대로 단어를 조합하면 문장이 완성되어서 쉽게 문장을 만들 수 있었어요.

– 5학년 학부모 **프로메테우스노력** 님

영어에는 명사를 꾸며주는 말을 쓸 때 순서가 있잖아요. 엄마인 제가 영어를 배울 때는 앞 글자만 따서 'a–형–명'처럼 외웠는데 이 책에서는 블록을 색깔에 맞춰 순서대로 이으면서 영작을 훈련할 수 있더라고요. 긴 문장도 어렵지 않게 쓰고, 문장 쓰기가 그대로 말하기로 이어져서 아이 스스로도 뿌듯해했어요.

– 3학년 학부모 **커피사랑집밥** 님

아이들 맞춤 라이팅 교재예요! 재미있는 만화로 무엇을 배우는지 개념을 설명하고, 알록달록 색깔 블록으로 주어, 동사, 목적어, 꾸미는 말을 구분하여 어순을 알려줍니다. 개념을 이해하고 바로 이어서 문장을 직접 써보는 연습으로 머릿속에 저~장! 기본 동사로 영어 문장을 쉽게 썼어요. 영어 문장 쓰기가 어렵고 부담될 수 있으나, 이 책은 접근하기 쉽고 어렵지 않은 구성이라 아이가 부담 없이 공부한 것 같아요. 옆에서 흐뭇하고 지켜보면서 좋은 교재의 영향력을 실감했습니다.

— 4학년 학부모 **미미짱** 님

이 책을 완북하면서 아이가 더 이상 문장 쓰기를 어렵지 않게 생각하고 자신감을 함께 얻었어요. 재료 준비 〈 뼈대 만들기 〈 살 붙이기 단계대로 차근차근 단어를 순서에 맞춰 배열하면 슈퍼 문장과 응용 문장도 쉽게 완성할 수 있었어요. 만화로 재미있게 개념을 익힐 수 있는 점도 좋았어요. 또래 아이들이 흔히 할 수 있는 문법 실수를 보면서 자연스럽게 배울 수 있었어요. 이 교재로 기초를 튼튼하게 다지기 해서 뿌듯하고 기쁩니다.

— 4학년 학부모 **메이브리** 님

초등 고학년이 되니 단어나 문법도 중요하지만, 짧은 문장이라도 쓸 수 있어야 할 것 같아서 이 책을 시작했어요. 영어를 여러 해 동안 공부했지만 아직 영어 문장 쓰기는 어려움이 많은데 이 교재로 1형식 만들기부터 연습하고 있어요. 문장을 만드는 방법을 알고 나서는 그동안 배웠던 단어와 문법을 활용해서 문장으로 만들어요.

— 5학년 학부모 **초1초5중1쏭** 님

리딩, 리스닝, 스피킹, 라이팅 네 가지 영역을 다 잘하기는 힘들지만 그래도 다른 영역들은 어느 정도 실력이 느는 게 보이는데 쓰기는 어렵더라고요. 아이의 문장에는 문법 오류도 많은데 엄마인 저도 첨삭이 어려운지라 이 책으로 학습해 보기로 했어요. 뼈대 문장에서 살을 붙이는 방식이 정말 너무 쉬워서 좋네요. 단어만 나열하면 문장이 되니 우리 아이에게 너무 딱이에요. 꾸준히 공부하면서 아이의 쓰기 실력이 늘어나는 것이 제 눈에도 보여요.

— 5학년 학부모 **러브리맘** 님

아이가 문법을 여전히 어려워하고 특히 의문문을 쓸 때에는 동사 위치와 형태를 헷갈려했어요. 이 책으로 공부하면서 영어 문장을 쓸 때 공식처럼 순서가 있다는 것을 알게 되었어요. 이제는 쓰고 싶은 단어를 문장의 어느 위치에, 어떤 형태로 넣을지를 알고 문장을 만들어요.

— 6학년 학부모 **신생아엄마** 님

기적의 영어문장 만들기 3

길벗스쿨

저자 **주선이**

영어교육과 스토리텔링을 전공하였고, 전통적인 영어교수법을 다양한 매체와 접목한 영어 프로그램을 기획·개발하고 있다. 대교, 천재교육, 언어세상, 사회평론, YBM시사, NE능률, 단비교육 등과 다수의 영어 교재를 집필하고, 모바일 학습 앱 '캐치잇 잉글리시'의 콘텐츠를 개발했다. 현재 유엔젤에서 유아 영어 프로그램 'flyEng(플라잉)'의 개발 PM과 교사 교육을 총괄하고 있다.

대표 저서 《기적의 사이트 워드》, 《기적의 동사변화 트레이닝》, 《기적의 영어문장 트레이닝》, 《기적의 문법+영작》, 《바빠 영어 시제 특강》, 《초등 영어를 결정하는 파닉스와 문장》, 《초등학생 소리별 영단어》 등

기적의 영어문장 만들기 3
Miracle Series – English Sentence Building 3

개정2판 발행 · 2023년 5월 23일

지은이 · 주선이
발행인 · 이종원
발행처 · 길벗스쿨
출판사 등록일 · 2006년 7월 1일 | **주소** · 서울시 마포구 월드컵로 10길 56 (서교동)
대표 전화 · 02)332-0931 | **팩스** · 02)323-0586
홈페이지 · www.gilbutschool.co.kr | **이메일** · gilbut@gilbut.co.kr

기획 및 책임 편집 · 김소이(soykim@gilbut.co.kr) | **표지 디자인** · 이현숙 | **본문 디자인** · 윤미주 | **제작** · 김우식
영업마케팅 · 김진성, 박선경 | **웹마케팅** · 박달님, 권은나 | **영업관리** · 정경화 | **독자지원** · 윤정아, 최희창

편집진행 및 교정 · 김미경 | **전산편집** · 연디자인 | **영문 감수** · Ryan P. Lagace | **본문삽화** · 김해진, 최정을
인쇄 · 교보피앤비 | **제본** · 경문제책 | **녹음** · YR 미디어

ISBN 979-11-6406-514-1 64740 (길벗 도서번호 30533)
정가 14,000원

독자의 1초까지 아껴주는 길벗출판사
㈜**도서출판 길벗** | IT교육서, IT단행본, 경제경영서, 어학&실용서, 인문교양서, 자녀교육서
www.gilbut.co.kr
길벗스쿨 | 국어학습서, 수학학습서, 유아학습서, 어학학습서, 어린이교양서, 학습단행본
www.gilbutschool.co.kr

길벗스쿨 공식 카페 〈기적의 공부방〉 · cafe.naver.com/gilbutschool
인스타그램 / 카카오플러스친구 · @gilbutschool

제 품 명	기적의 영어문장 만들기 3
제조사명	길벗스쿨
제조국명	대한민국
전화번호	02-332-0931
주 소	서울시 마포구 월드컵로 10길 56 (서교동)
제조년월	판권에 별도 표기
사용연령	8세 이상

KC마크는 이 제품이 공동안전기준에 적합하였음을 의미합니다.

더 새로워진 기적의 영어문장 만들기

《기적의 영어문장 만들기》 2차 개정판을 통해 다시 만나게 되어 반갑습니다. 이 책은 영어를 처음 접하는 누구나 공통적으로 어려워하고 자주 틀리는 개념을 쉽고 재미있게 이해하고, 실용적인 예문으로 개념을 충분히 연습할 수 있도록 구성했습니다.

이번 개정판에서는 세련된 페이지 구성과 함께, 연습 문제와 복습 문제를 추가하여 아이들 스스로 배운 내용을 점검할 수 있도록 했습니다. 특히, 단어와 문장을 음성 파일로 제공하여 듣고 말하고 쓰는 입체적인 문법과 작문 학습이 가능합니다.

영어 작문의 기초가 되는 책!

영어 읽기를 처음 배울 때 파닉스를 배우듯 《기적의 영어문장 만들기》는 쓰기의 파닉스 과정과 같습니다. 본격적인 작문을 하기 전에 영어 문장이 이루어지는 문장 규칙을 이해하면 영어를 읽고 쓰는 것이 훨씬 쉬워집니다. 우리 책에서는 문장의 중심인 동사를 기준으로 문장 구조를 소개하고 연습하도록 구성했습니다.

단어 활용법과 문법 개념이 저절로!

'단어'라는 재료를 문장 규칙에 따라 자연스럽게 활용하는 법을 배웁니다. 단어 블록을 통한 문장 만들기 연습은 직관적으로 영어 어순을 파악하게 하고, 문장 내 단어의 위치에 따라 그 단어의 기능이 어떻게 달라지는지를 익힐 수 있게 합니다. 문법을 별도로 배우지 않고서도 이 과정을 통해 주요 문법 개념을 저절로 습득하게 됩니다.

문장 만들기는 재미있는 집 짓기 과정!

이 책에서는 문장 만들기 과정을 집 짓기에 비유하여 '재료 준비 → 뼈대 만들기 → 살 붙이기'와 같은 단계를 거치게 됩니다. 이 단계를 따라서 단어 재료를 순서대로 배치하면 '슈퍼 문장'처럼 다양하고 긴 문장을 만들거나, '변신 문장'처럼 여러 형태의 문장들도 완성할 수 있게 됩니다.

문장 구조와 규칙을 내재화하는 과정!

문장 구조와 규칙은 꾸준한 반복 훈련을 통한 내재화 과정이 필요합니다. 이 과정을 거쳐야만 영어로 빠르게 생각할 수 있고, 이는 작문뿐만 아니라 말하기로 연결될 수 있습니다. MP3를 활용하여 문장을 듣고 말하기를 함께 연습하면 영어 회화에도 큰 도움이 될 것입니다.

많은 학생들과 선생님들이 이 책을 즐겁고 유익하게 사용할 수 있기를 소망합니다.

2023년 5월 주선이

문장을 만드는 원리

1단계   재료를 준비해요!

먼저 문장의 재료가 될 단어들이 필요해요. 문장 만들기에 사용할 단어들을 미리 알아 두는 것이 좋아요.
단어들은 다음과 같이 성격에 따라 여러 종류로 나눌 수 있어요.

명사	사람이나 사물의 이름을 나타내는 말이에요. student 학생 dog 개 school 학교 book 책 water 물
대명사	사람이나 사물의 이름을 대신하여 쓰는 말이에요. I 나는 you 너는 he 그는 her 그녀를 them 그들을 our 우리의
동사	사람이나 사물의 동작이나 상태를 나타내는 말이에요. go 가다 run 달리다 live 살다 be ~이다
형용사	사람이나 사물의 상태나 성질이 어떠한지 나타내는 말이에요. 주로 '어떠한'을 뜻하는 단어들이 속해요. good 좋은 big 큰 pretty 예쁜 white 하얀
부사	동사, 형용사, 부사 등을 꾸며 주는 말이에요. 주로 '어떻게'를 뜻하는 단어들이 속해요. late 늦게 fast 빠르게 early 일찍 here 여기에
전치사	명사나 대명사 앞에 오는 말이에요. 명사나 대명사 앞에 전치사를 붙여서 장소, 시간, 목적 등을 표현할 수 있어요. to ~으로 on ~위에 in ~안에 with ~와 함께 for ~을 위해
접속사	단어와 단어, 문장과 문장을 연결해 주는 말이에요. and 그리고 but 그러나 so 그래서 or 또는

문장의 뼈대를 만들어요!

단어들을 단순히 나열한다고 문장이 되는 것은 아니에요. 문장 규칙에 맞춰 단어들을 배열해야 문장이 이루어질
수 있어요. 문장이 되려면 기본적으로 다음과 같은 문장 뼈대를 갖추어야 해요.

| 주어 | + | 동사 | + | 목적어 | = I have a ball. 나는 공을 가지고 있어. |
| I | | have | | a ball | |

이렇게 〈주어 + 동사 + 목적어〉 순서로 단어를 배열하면 문장이 완성돼요. 이처럼 동사 뒤에 목적어가 오는 문장을
3형식 문장이라고 해요. 3형식 문장에 쓰일 수 있는 동사들로 have, need, make, hate, do, enjoy, wear, buy 등
이 있어요.

3단계 **문장에 살을 붙여요!**

문장의 뼈대에 살을 붙여서 문장의 의미를 좀더 구체적으로 표현할 수 있어요.
살은 때에 따라 찔 수도 있고 빠질 수도 있지만, 우리 몸에서 뼈가 부족하다면 큰일 나겠지요?
영어 문장도 마찬가지예요. 문장의 살은 좀 부족해도 괜찮지만, 문장의 뼈대는 반드시 있어야 해요.

| 주어 | + | 동사 | + | 목적어 | + | 살(부사구) | = I have a ball in my backpack. |
| I | | have | | a ball | | in my backpack | 나는 가방에 공을 가지고 있어. |

이렇게 문장 뼈대에 부사 역할을 하는 말을 붙여서 의미를 좀더 확장할 수 있어요.
문장 뼈대에 붙이는 살에는 형용사구와 부사구가 있어요. 형용사구는 문장에서 형용사 역할을 하는 것을 말하고,
부사구는 문장에서 부사 역할을 하는 것을 말해요.

이 책의 특징

01 뼈대 문장에서 긴 문장으로 차근차근 배우는 단계적 학습

문장이 만들어지는 원리를 이해하여 기본 문형부터 살 붙인 슈퍼 문장까지 자신 있게 쓸 수 있습니다.
뼈대 문장에 단어를 하나씩 늘려가면서 차근차근 연습하니까 누구나 쉽게 영작할 수 있습니다.

02 문장 구조를 한눈에 파악할 수 있는 단어 블록

문장을 만드는 재료인 단어를 구별이 쉽게 색깔 블록에 넣어 문장 어순이 한눈에 파악될 수 있습니다. 단어를 순서대로 연결하기만 하면 문법을 깊이 알지 못해도 정확한 문장을 쓸 수 있습니다.

03 문법 개념을 쉽게 익힐 수 있는 재미있는 만화

만화에 핵심 문법 개념을 재미있게 녹여내어, 캐릭터들의 대화를 읽기만 해도 문법 개념을 이해할 수 있습니다. 영작할 때 자주 하는 실수에 대해 친절하게 설명하여 혼자서도 올바른 문장 쓰기가 가능합니다.

04 영어 문장이 저절로 써지는 반복&누적 설계

다양한 의미의 문장을 직접 써보는 반복 연습을 풍부하게 담아 문장 구조를 자연스럽게 익힐 수 있습니다. 새롭게 추가된 〈Review Test〉, 〈Word Test〉, 〈Final Test〉를 통해 앞에서 배운 전체 내용을 누적 점검할 수 있습니다.

부가 학습자료

Word Test

〈재료 준비하기〉에 등장하는 단어의 철자와 〈살 붙이기〉에서 배운 표현들을 정확하게 알고 있는지 다시 확인합니다.

Final Test

앞에서 배운 동사를 두 개씩 누적하여 우리말에 알맞은 영어 문장을 완성해 봅니다. 주어진 단어를 사용해 문장을 만들면서 문장 구조를 제대로 파악했는지 마무리 점검합니다.

길벗스쿨 e클래스
eclass.gilbut.co.kr

길벗스쿨 e클래스에서 온라인 퀴즈, MP3 파일 및 워크시트 다운로드 등 부가 학습자료를 이용하실 수 있습니다.

단어 따라쓰기 워크시트

온라인 퀴즈
(6월 초 오픈 예정)

학습계획표

시작하기에 앞서 이 책의 학습 계획을 세워 보세요.
스스로 지킬 수 있는 오늘의 목표를 정하고 꾸준히 실천해 보세요.
무엇보다도 계획하고 실천하는 공부 습관을 만드는 것이 중요합니다.

동사 have	Day 1	Day 2	Day 3	Day 4	Day 5	Day 6
	문장의 뼈대 만들기 I, II	문장의 뼈대 만들기 III, IV	문장에 살 붙이기 I	문장에 살 붙이기 II	슈퍼 문장 만들기, 의문문 만들기	Challenge!, Review Test
계획한 날짜	월 일	월 일	월 일	월 일	월 일	월 일

동사 make	Day 7	Day 8	Day 9	Day 10	Day 11	Day 12
	문장의 뼈대 만들기 I, II	문장의 뼈대 만들기 III, IV	문장에 살 붙이기 I	문장에 살 붙이기 II	슈퍼 문장 만들기, 의문문 만들기	Challenge!, Review Test
계획한 날짜	월 일	월 일	월 일	월 일	월 일	월 일

동사 do	Day 13	Day 14	Day 15	Day 16	Day 17	Day 18
	문장의 뼈대 만들기 I, II	문장의 뼈대 만들기 III, IV	문장에 살 붙이기 I	문장에 살 붙이기 II	슈퍼 문장 만들기, 의문문 만들기	Challenge!, Review Test
계획한 날짜	월 일	월 일	월 일	월 일	월 일	월 일

동사 wear	Day 19	Day 20	Day 21	Day 22	Day 23	Day 24
	문장의 뼈대 만들기 I, II	문장의 뼈대 만들기 III, IV	문장에 살 붙이기 I	문장에 살 붙이기 II	슈퍼 문장 만들기, 의문문 만들기	Challenge!, Review Test
계획한 날짜	월 일	월 일	월 일	월 일	월 일	월 일

차례

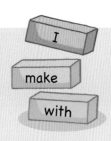

재료 준비하기 본 학습에 들어가기 전에 다음 단어들을 꼭 기억해 두세요.

명사

- ✔ **book** 책
- ○ **friend** 친구
- ○ **idea** 아이디어, 생각
- ○ **aunt** 숙모, 이모, 고모
- ○ **uncle** 삼촌, 이모부, 고모부
- ○ **cousin** 사촌
- ○ **headache** 두통
- ○ **toothache** 치통
- ○ **stomachache** 복통

- 셀 수 없는 명사 -

- ○ **time** 시간
- ○ **money** 돈
- ○ **hope** 희망
- ○ **breakfast** 아침 식사
- ○ **lunch** 점심 식사
- ○ **dinner** 저녁 식사

첫 번째 동사
have

단어 & 문장 듣기

형용사

- ○ **big** 큰, 푸짐한, 성대한
- ○ **good** 좋은
- ○ **bad** 나쁜, 심한
- ○ **new** 새로운, 새
- ○ **English** 영어, 영어의
- ○ **Chinese** 중국인, 중국어

- 수량 형용사 -

- ○ **some** 약간의, 좀
- ○ **any** (부정문, 의문문) 약간의, 좀
- ○ **a lot of** 많은
- ○ **no** 하나도 없는

개념 쏙쏙 부모님이나 선생님, 친구와 역할을 나눠서 읽어 보세요.

① 오늘부터 목적어를 필요로 하는 동사 시리즈 1탄 have를 공부해 볼까요?

have는 '가지다'란 뜻이죠?

② 맞아요. 동사 have 뒤에 무엇을 가지는지 나타내 줘야겠죠? 이때 '무엇을'에 해당하는 말을 '목적어'라고 해요.

주어 + have + 목적어

③ 첫 번째 문제! '나는 친구를 가지고 있다.' 즉 '나는 친구가 있다.'를 말해 볼까요?

어…, I have friend.

④ friend처럼 셀 수 있는 명사가 하나일 땐 명사 앞에 a를 붙여야 해요.

a + friend
I have a friend.

⑤ 그럼, '나는 아이디어를 가지고 있다.'를 말해 볼까요? idea처럼 첫소리가 모음으로 시작하는 명사인 경우엔 an을 붙여요.

an + idea

⑥ I have an idea.

첫소리가 모음으로 시작하는 명사 앞에는 an을 붙여요.

⑦ '나는 친구가 없다.'를 한번 해볼까요?

음…, 부정문을 만들어야 하니까 do not을 붙여야 하고, do not을 줄이면 don't. 그러니까 I don't have a friend.

⑧ That's great! 그럼, '나는 잘 모르겠다.' 즉, '나는 아이디어를 가지고 있지 않다.'는?

이것도 don't만 붙이면 되니까 I don't have an idea.

정리착착 단어 블록을 합체하여 문장 구조를 정리해 보세요.

① have 가지고 있다

주어가 I, You, We, They 또는 복수 명사일 경우에 '가지고 있다, ~가 있다'라고 할 땐 동사원형 그대로 써요.

나는 친구가 **있다**.   I **have** a friend.

너는[너희들은] 책을 **가지고 있다**.   You **have** a book.

우리는 생각이 **있다**.   We **have** an idea.

② don't have 가지고 있지 않다

'가지고 있지 않다, ~가 없다'라고 할 땐 don't have를 합체해요.

나는 친구가 **없다**.   I **don't have** a friend.

너는[너희들은] 책을 **가지고 있지 않다**.   You **don't have** a book.

우리는 아이디어가 **없다[잘 모르겠다]**.   We **don't have** an idea.

주어(S)

I
You
We
They

동사(V)

have
don't have

목적어(O)

a friend
a book
an idea

1.
| I | have | a friend |

나는 / 가지고 있다 / 친구를

2.
나는 / 가지고 있지 않다 / 책을

3.
너는[너희들은] / 가지고 있다 / 생각을

4.
너는[너희들은] / 가지고 있지 않다 / 책을

5.
우리는 / 가지고 있다 / 아이디어를

6.
우리는 / 가지고 있지 않다 / 친구를

7.
그들은 / 가지고 있다 / 책을

8.
그들은 / 가지고 있지 않다 / 생각을

문장의 뼈대 만들기 Ⅱ has와 doesn't have

개념 쏙쏙 부모님이나 선생님, 친구와 역할을 나눠서 읽어 보세요.

❶ 지난 시간에 have 동사 배울 때 주어로 어떤 것들을 썼죠?

I, You, We, They 였어요.

❷ Good! 오늘은 He, She, My uncle처럼 주어가 한 사람인 경우를 배워봐요. 문장 뼈대는 어떻게 될까요?

주어가 모두 단수니까 have에 -s를 붙여서 haves. 그러니까 문장 뼈대는 〈주어 + haves + 목적어〉!

❸ 음, have의 3인칭 단수형은 has예요.

주어 + has + 목적어

❹ '나의 삼촌은 시간이 있다.'는 어떻게 표현하면 될까요?

어…, '삼촌'을 영어로 뭐라고 해요?

❺ uncle이라고 해요. uncle은 '삼촌, 숙부, 이모부, 고모부'에 다 해당되는 말이에요.

아~, 그럼, My uncle has a time.

❻ time은 셀 수 없는 명사라서 a time이나 times처럼 쓸 수 없어요.

아하! 그럼, My uncle has time.

셀 수 없는 명사는 앞에 a/an을 붙이지 않아요. 또 복수형도 쓰지 않아요.

❼ That's it! '나의 삼촌은 시간이 없다.'를 말해 볼까요?

'없다'니까 don't를 붙여서 My uncle don't have time!

❽ 주어가 단수일 땐 does의 도움을 받는다고 했죠?

아, 맞다! My uncle doesn't have time.

정리착착 단어 블록을 합체하여 문장 구조를 정리해 보세요.

1 has 가지고 있다

주어가 He, She이거나 단수 명사일 땐 동사 have에 -s가 붙어 변형된 has를 써요.

나의 삼촌은 시간이 **있다**.　　　　My uncle **has** time.

너의 이모는 돈이 **있다**.　　　　Your aunt **has** money.

우리 사촌은 희망을 **가지고 있다**.　　Our cousin **has** hope.

> time, money, hope처럼 셀 수 없는 명사 앞에는 a/an을 쓰지 않아요.

2 doesn't have 가지고 있지 않다

'가지고 있지 않다, ~이 없다'라고 할 땐 doesn't have를 합체해요.

나의 삼촌은 시간이 **없다**.　　　　My uncle **doesn't have** time.

너의 이모는 돈이 **없다**.　　　　Your aunt **doesn't have** money.

우리 사촌은 희망을 **가지고 있지 않다**.　Our cousin **doesn't have** hope.

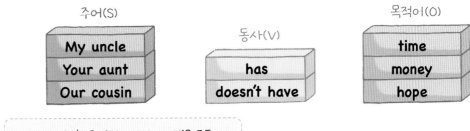

주어(S)

My uncle
Your aunt
Our cousin

동사(V)

has
doesn't have

목적어(O)

time
money
hope

영어에서는 '삼촌, 숙부, 이모부, 고모부'를 통틀어 uncle이라 하고 '숙모, 이모, 고모'는 aunt라고 해요.

1. _____ _____ _____ .

나의 삼촌은   가지고 있다   시간을

2. _____ _____ _____ .

나의 삼촌은   가지고 있지 않다   돈을

3. _____ _____ _____ .

너의 이모는   가지고 있다   희망을

4. _____ _____ _____ .

너의 이모는   가지고 있지 않다   돈을

5. _____ _____ _____ .

우리 사촌은   가지고 있다   희망을

6. _____ _____ _____ .

우리 사촌은   가지고 있지 않다   시간을

Step 1

문장의 뼈대 만들기 Ⅲ had와 didn't have

개념 쏙쏙 부모님이나 선생님, 친구와 역할을 나눠서 읽어 보세요.

❶ 이번 시간엔 have의 과거 형태인 had를 공부할 거예요.

have는 모든 게 좀 다르네요. 과거형도 haved가 아니라 had라니….

❷ 그러게요. 동사 had를 쓸 땐 어떤 뼈대로 문장을 만들까요?

have와 마찬가지로 〈주어 + had + 목적어〉겠죠.

주어 + had + 목적어

❸ 오늘은 have의 다른 뜻도 배워 볼 거예요. have 뒤에 병명을 붙이면 '(병이) 있다'란 뜻이 돼요. 자, 그럼, '나는 두통이 있었다.'를 말해 볼까요?

❹ I was had a headache.

어? 한 문장에 동사는 하나만 쓴다고 했는데.

❺ 아, 그렇지! I had a headache.

❻ Very good! 이번엔 '나는 두통이 없었다.'를 말해 볼까요?

'없었다'니까 didn't의 도움을 받아서 I didn't had a headache.

❼ 또 까먹었네요! didn't 뒤에서는 동사의 모양이 어떻게 된다고 했죠?

didn't 뒤에는 동사원형을 써 줘야 해요!

❽ 다시 할게요. I didn't have a headache.

Great! 하나만 더 해볼까요? '나는 이가 아프지 않았다.'를 말해 봐요. '치통'은 toothache라고 해요.

❾ I didn't have a toothache.

Perfect!

① had 가지고 있었다

have의 과거형은 had예요. had 뒤에 병명이 오면 '(병이) 있었다, ~가 아팠다'라고 해석해요.

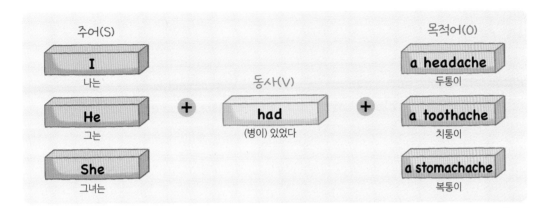

나는 두통이 **있었다**[머리가 아팠다].	I **had** a headache.	
그는 치통이 **있었다**[이가 아팠다].	He **had** a toothache.	
그녀는 복통이 **있었다**[배가 아팠다].	She **had** a stomachache.	

> 영어로 감기(cold), 두통, 치통 등은 셀 수 있는 명사 취급을 해요.

② didn't have 가지고 있지 않았다

'가지고 있지 않았다'라고 할 땐 didn't를 붙여서 didn't have라고 해요.

그의 삼촌은 두통이 **없었다**.	His uncle **didn't have** a headache.
그녀의 고모는 치통이 **없었다**.	Her aunt **didn't have** a toothache.
그들의 사촌은 배가 아프지 **않았다**.	Their cousin **didn't have** a stomachache.

주어(S)

I
He
She
His uncle
Her aunt
Their cousin

동사(V)

had
didn't have

목적어(O)

a headache
a toothache
a stomachache

1.

　　　　나는　　　　　　　　　(병이) 있었다　　　　　　　　두통이

2.

　　　　그는　　　　　　　　　(병이) 없었다　　　　　　　　치통이

3.

　　　　그녀는　　　　　　　　(병이) 있었다　　　　　　　　복통이

4.

　　　그의 고모부는　　　　　　(병이) 없었다　　　　　　　　치통이

5.

　　　그녀의 고모는　　　　　　(병이) 있었다　　　　　　　　두통이

6.

　　　그들의 사촌은　　　　　　(병이) 없었다　　　　　　　　복통이

7.

　　　　그는　　　　　　　　　(병이) 있었다　　　　　　　　두통이

8.

　　　　그녀는　　　　　　　　(병이) 없었다　　　　　　　　복통이

9.

　　　그녀의 고모는　　　　　　(병이) 있었다　　　　　　　　치통이

문장의 뼈대 만들기 Ⅳ will have와 won't have

개념 쏙쏙 부모님이나 선생님, 친구와 역할을 나눠서 읽어 보세요.

①
오늘은 will have를 공부할 거예요. will은 자신 있죠?

물론이죠! will have의 뜻도 알 것 같아요. '가지고 있을 것이다'란 뜻 아니에요?

②
Right! will have의 문장 뼈대도 말해 볼래요?

이것도 당연히 목적어가 필요하니까 〈주어 + will have + 목적어〉겠죠, 뭐.

주어 + will have + 목적어

③
Very good! 오늘도 have의 또 다른 뜻을 공부해 봐요. have 뒤에 식사명을 붙이면 '먹다'라는 뜻이 돼요.

have 동사는 참 여러 가지 뜻으로 쓰이네요.

④
그렇죠? have는 여러모로 쓸모가 많은 동사랍니다. '나는 아침을 먹을 것이다.'를 한번 말해 볼까요?

I will have a breakfast.

⑤
식사명은 셀 수 없는 명사라서 a를 붙이지 않아요.

그럼, I will have breakfast.

breakfast(아침 식사), lunch(점심 식사), dinner(저녁 식사)와 같은 식사명 앞에는 a를 붙이지 않아요!

⑥
'나의 이모는 아침을 먹지 않을 것이다.'를 말해 볼래요?

⑦
will have도 주어에 상관 없이 항상 will have예요.

⑧
그럼, My aunt will have breakfast.

That's it! 자, 이번엔 '나는 점심을 먹지 않을 것이다.'를 해볼까요?

⑨
음, '먹지 않을 것이다'니까 will not을 붙이면 되는데, 이걸 또 줄이면 won't. 그러니까 정답은 I won't have lunch.

① **will have** 가질 것이다

주어에 상관없이 앞으로의 일에 대해 말할 땐 will을 붙여요. 식사명 앞에 will have가 오면 '먹을 것이다'라고 해석해요.

나는 아침을 **먹을 것이다**.	I **will have** breakfast.
우리는 점심을 **먹을 것이다**.	We **will have** lunch.
그들은 저녁을 **먹을 것이다**.	They **will have** dinner.

② **won't have** 갖지 않을 것이다

'갖지 않을 것이다, 먹지 않을 것이다'라고 할 땐 will not을 줄인 won't를 붙여서 won't have로 표현해요.

그의 외삼촌은 아침을 **먹지 않을 것이다**.	His uncle **won't have** breakfast.
그녀의 외숙모는 점심을 **먹지 않을 것이다**.	Her aunt **won't have** lunch.
그들의 사촌은 저녁을 **먹지 않을 것이다**.	Their cousin **won't have** dinner.

주어(S)

| I |
| We |
| They |
| His uncle |
| Her aunt |
| Their cousin |

동사(V)

| will have |
| won't have |

목적어(O)

| breakfast |
| lunch |
| dinner |

1.

나는　　　　　　먹을 것이다　　　　　아침을

2.

우리는　　　　　먹지 않을 것이다　　　점심을

3.

그들은　　　　　먹을 것이다　　　　　저녁을

4.

그의 외삼촌은　　먹지 않을 것이다　　점심을

5.

그녀의 외숙모는　먹을 것이다　　　　　아침을

6.

그들의 사촌은　　먹지 않을 것이다　　저녁을

7.

우리는　　　　　먹을 것이다　　　　　아침을

8.

그들은　　　　　먹지 않을 것이다　　저녁을

9.

그의 외삼촌은　　먹을 것이다　　　　　점심을

아래 표현들은 통째로 익혀 두세요.
have breakfast(아침을 먹다)
have lunch(점심을 먹다)
have dinner(저녁을 먹다)

문장에 살 붙이기 Ⅰ a/an과 형용사

개념 쏙쏙 부모님이나 선생님, 친구와 역할을 나눠서 읽어 보세요.

① 오늘은 목적어에 살을 붙여 봐요.

목적어에도 살을 붙일 수 있어요?

② 그럼요! 명사에 살 붙이는 순서 기억나요?

음…, 관사를 가장 먼저 쓴 다음에 형용사, 명사 순으로 붙였어요.

a/an + 형용사 + 명사

③ Good! '좋은 친구', '나쁜 친구'는 어떻게 표현할까요?

형용사는 명사 앞에 와야 하니까 a good friend / a bad friend!

④ Perfect! 이번엔, 국적을 나타내는 English와 Chinese를 붙여서 '영국인 친구', '중국인 친구'를 말해 봐요.

그것도 문제 없어요! a English friend / a Chinese friend!

⑤ 영어에서 첫소리가 모음으로 시작하는 단어 앞에는 a가 아니라 an을 써 준다고 했죠?

앗, 실수! an English friend / a Chinese friend.

⑥ Very good! bad는 '나쁜'이란 뜻 외에 병명 앞에 붙으면 '심한'이란 뜻이에요. '심한 감기', '심한 두통'을 한번 말해 볼까요?

bad만 붙이면 되잖아요. a bad cold / a bad headache!

⑦ Great! 식사명 앞에 형용사가 와서 구체적인 식사명을 나타낼 땐 a나 an을 붙여요. 그래서 '영국식 아침'은 an English breakfast, '푸짐한 저녁'은 a big dinner라고 해요. 한번 말해 볼까요?

⑧ an English breakfast / a big dinner.

Well done!

❶ a + 형용사 + 명사

목적어 자리의 명사에 살을 붙일 땐 〈관사 + 형용사〉의 순서로 써 줘야 해요.

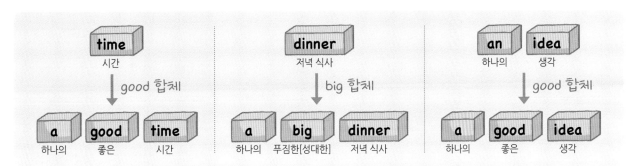

나는 **좋은 시간을** 보낸다.

우리는 **푸짐한 저녁을** 먹는다.

그들은 **좋은 생각이** 있다.

I have **a good time**.

We have **a big dinner**.

They have **a good idea**.

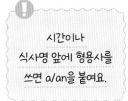

시간이나
식사명 앞에 형용사를
쓰면 a/an을 붙여요.

❷ an + 형용사 + 명사

첫소리가 모음으로 시작하는 단어 앞에는 a 대신 an을 붙여요.

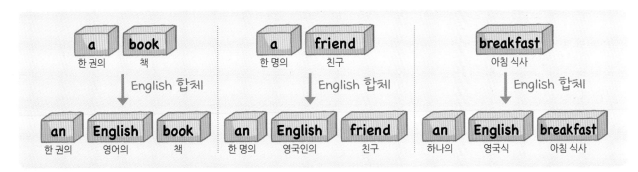

그는 **영어 책을 한 권** 가지고 있다.

그녀는 **영국인 친구가 한 명** 있다.

나의 삼촌은 **영국식 아침을** 먹는다.

He has **an English book**.

She has **an English friend**.

My uncle has **an English breakfast**.

English는
국적, 언어, 사람을
나타내요.

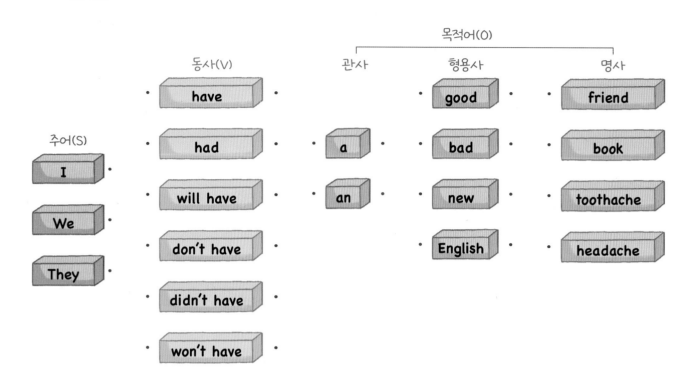

1. 나는 머리가 많이 아팠다.

I	had	a bad headache

2. 우리는 영어 책을 한 권 가지고 있다.

3. 그들은 좋은 친구가 있을 것이다.

4. 나는 심한 치통이 없다.

5. 우리는 영국인 친구가 없었다.

6. 그들은 새 책을 가지지 않을 것이다.

연습팍팍❷ 우리말에 맞춰 단어 블록들을 연결하고 완성된 문장을 써 보세요.

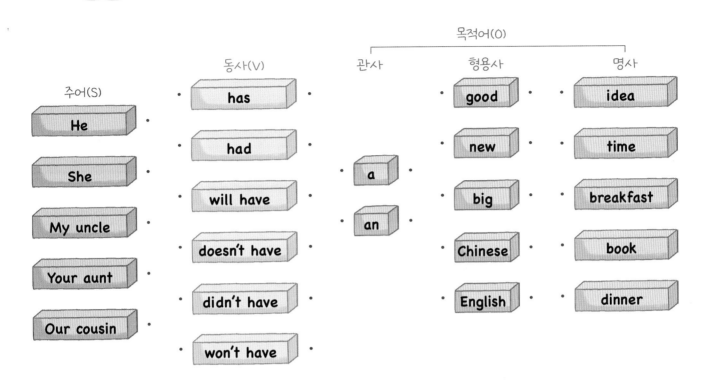

1. 그는 푸짐한 아침을 먹는다.

   ⊙   .

2. 그녀는 좋은 시간을 보냈다.

   ⊙   .

3. 나의 삼촌은 영국식 아침을 먹을 것이다.

   ⊙   .

4. 그는 새로운 생각이 없다.

   ⊙   .

5. 너의 이모는 푸짐한 저녁을 먹지 않을 것이다.

   ⊙   .

6. 우리 사촌은 중국어 책이 없었다.

   ⊙   .

개념 쏙쏙 부모님이나 선생님, 친구와 역할을 나눠서 읽어 보세요.

❶

제가 인기가 좀 많나 봐요. 제 주위엔 항상 친구들이 많거든요.

민준이는 좋겠네요.

❷
얘기 나온 김에, 오늘은 수를 나타내는 형용사로 목적어에 살을 붙여 볼까요? 그걸 익히고 나면 방금 말한 것들을 영어로 말할 수 있게 돼요.

어휴~, 그러실 줄 알았어요.

❸
호호호, 그렇게 어렵지 않으니까 기운 내요. 자, '몇 명의 친구', '많은 친구'를 한번 말해 봐요.

어…, '몇 명의 친구'는 a some friend, '많은 친구'는 a lot of a friend.

❹
아니죠~. some이나 a lot of는 여럿을 나타내니까 '하나의' 뜻을 가진 a와 함께 쓸 수 없어요. friend는 셀 수 있기 때문에 복수 형태로 표현해요.

아~, 그럼 some friends / a lot of friends.

❺
Wonderful! 이번엔 셀 수 없는 명사에 수나 양을 나타내는 형용사를 붙여 봐요. '약간의 시간', '많은 시간'은 어떻게 표현할까요?

some times / a lot of times라고 하면 되겠죠, 뭐.

❻
time은 셀 수 없는 명사라서 늘 단수로 나타내야 해요.

some time / a lot of time 이렇게요?

❼
That's it! 마지막으로 no를 붙여 봐요. no 뒤에는 셀 수 있으면 복수로, 셀 수 없으면 단수로 써 줘요. '친구가 하나도 없는', '시간이 하나도 없는'을 말해 볼까요?

❽
음, friend는 셀 수 있으니까 no friends, time은 셀 수 없으니까 no time!

Great!

- no/some/a lot of + 셀 수 있는 명사의 복수형

- no/some/a lot of + 셀 수 없는 명사의 단수형

정리착착 단어 블록을 합체하여 문장 구조를 정리해 보세요.

① no/some/a lot of + 복수 명사

목적어 자리의 명사에 형용사로 살을 붙여 봅시다. 수량을 나타내는 형용사 뒤에 셀 수 있는 명사를 붙일 땐 복수 형태로 써요.

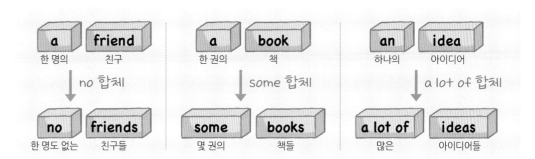

| 나는 **친구가 한 명도 없**다. | I have **no friends**. (= I don't have any friends.) |

우리는 **책을 몇 권** 가지고 있었다.　We had **some books**.

그들은 **아이디어가 많이** 있을 것이다.　They will have **a lot of ideas**.

> no는 not ~ any와 같은 의미예요.

② no/some/a lot of + 단수 명사

수량을 나타내는 형용사 뒤에 셀 수 없는 명사를 붙일 땐 단수 형태로 써요.

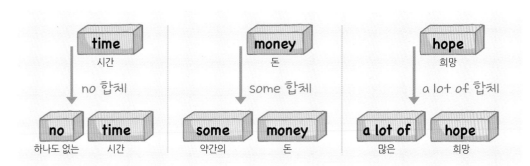

그는 **시간이 전혀** 없다.　He has **no time**. (= He doesn't have any time.)

그녀는 **돈이 좀** 있었다.　She had **some money**.

나의 삼촌은 **많은 희망을** 가질 것이다.　My uncle will have **a lot of hope**.

> time, money, hope와 같이 셀 수 없는 명사는 항상 단수 형태로 써요.

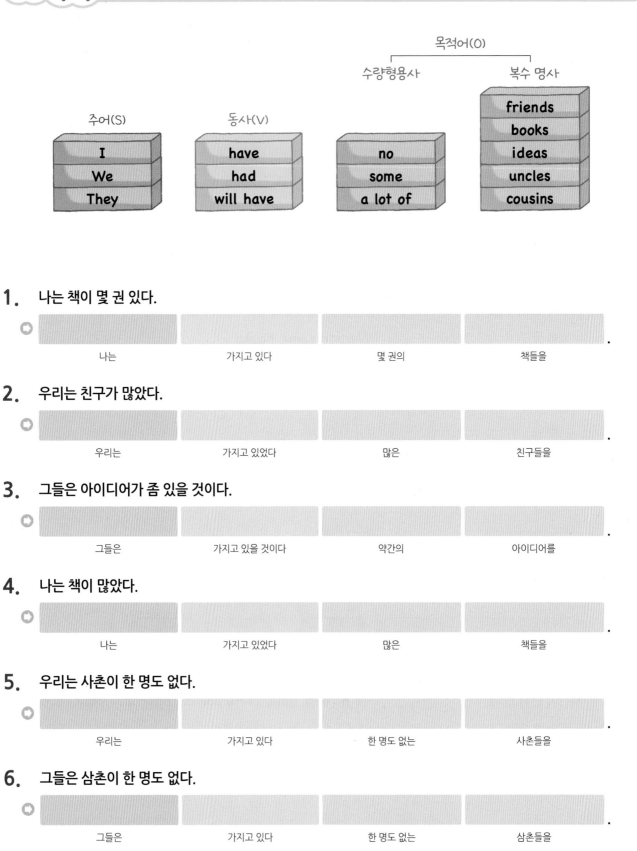

연습 팍팍 ① 각각의 블록을 합체하여 문장을 만들어 보세요.

목적어(O)

주어(S)	동사(V)	수량형용사	복수 명사
I	have	no	friends
We	had	some	books
They	will have	a lot of	ideas
			uncles
			cousins

1. 나는 책이 몇 권 있다.

나는	가지고 있다	몇 권의	책들을

2. 우리는 친구가 많았다.

우리는	가지고 있었다	많은	친구들을

3. 그들은 아이디어가 좀 있을 것이다.

그들은	가지고 있을 것이다	약간의	아이디어를

4. 나는 책이 많았다.

나는	가지고 있었다	많은	책들을

5. 우리는 사촌이 한 명도 없다.

우리는	가지고 있다	한 명도 없는	사촌들을

6. 그들은 삼촌이 한 명도 없다.

그들은	가지고 있다	한 명도 없는	삼촌들을

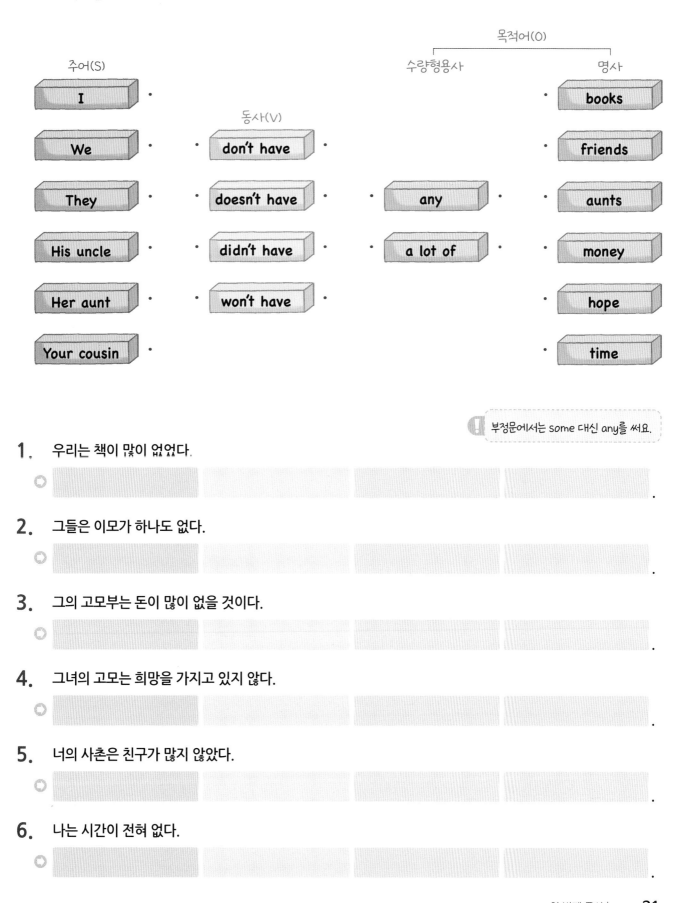

주어(S)

I

We

They

His uncle

Her aunt

Your cousin

동사(V)

don't have

doesn't have

didn't have

won't have

목적어(O)

수량형용사

any

a lot of

명사

books

friends

aunts

money

hope

time

부정문에서는 some 대신 any를 써요.

1. 우리는 책이 많이 없었다.

2. 그들은 이모가 하나도 없다.

3. 그의 고모부는 돈이 많이 없을 것이다.

4. 그녀의 고모는 희망을 가지고 있지 않다.

5. 너의 사촌은 친구가 많지 않았다.

6. 나는 시간이 전혀 없다.

슈퍼 문장 만들기

연습 팍팍 문장 뼈대에 살을 붙여가면서 슈퍼 문장을 만들어 보세요.

1) 주어와 마찬가지로 목적어에 살을 붙일 때도 〈a/an + 형용사 + 명사〉의 순서로 써요.
2) time이나 money처럼 셀 수 없는 명사 앞에도 형용사를 붙일 땐 a/an을 쓸 수 있어요.

1.

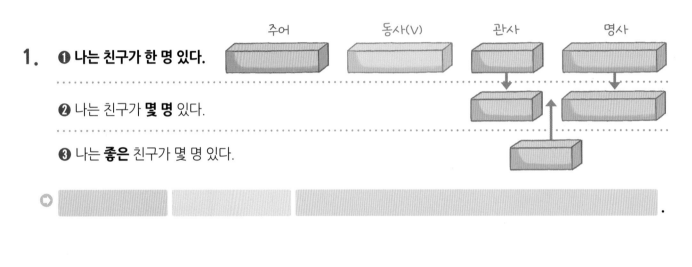

❶ 나는 친구가 한 명 있다.

❷ 나는 친구가 **몇 명** 있다.

❸ 나는 **좋은** 친구가 몇 명 있다.

2.

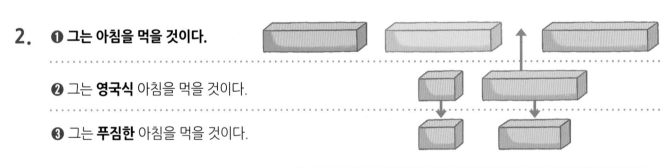

❶ 그는 아침을 먹을 것이다.

❷ 그는 **영국식** 아침을 먹을 것이다.

❸ 그는 **푸짐한** 아침을 먹을 것이다.

3. ❶ 그녀는 아이디어를 가지고 있다.

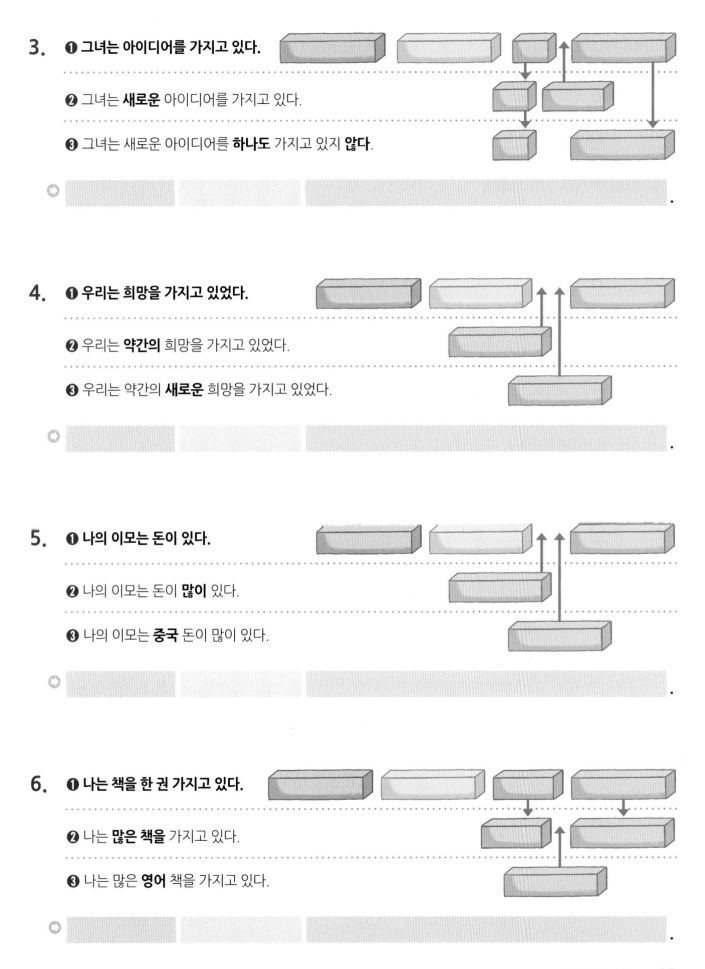

❷ 그녀는 **새로운** 아이디어를 가지고 있다.

❸ 그녀는 새로운 아이디어를 **하나도** 가지고 있지 **않다**.

4. ❶ 우리는 희망을 가지고 있었다.

❷ 우리는 **약간의** 희망을 가지고 있었다.

❸ 우리는 약간의 **새로운** 희망을 가지고 있었다.

5. ❶ 나의 이모는 돈이 있다.

❷ 나의 이모는 돈이 **많이** 있다.

❸ 나의 이모는 **중국** 돈이 많이 있다.

6. ❶ 나는 책을 한 권 가지고 있다.

❷ 나는 **많은 책을** 가지고 있다.

❸ 나는 많은 **영어** 책을 가지고 있다.

Step 4

의문문 만들기

① Do + 주어 + have + 목적어?

주어가 You, We, They 또는 복수 명사일 경우에 '~을 가지고 있니?, ~을 가지고 있어요?'라고 물을 땐 Do를 맨 앞에 쓰면 돼요.

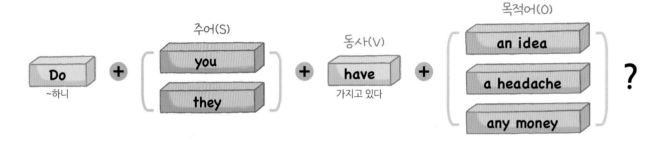

1. 너는 심한 두통이 있니?

⟶ [＿＿＿＿＿＿] ? ‹ Yes, I do.

2. 그들은 좋은 생각을 가지고 있니?

⟶ [＿＿＿＿＿＿] ? ‹ No, they don't.

3. 당신은 돈이 좀 있어요?

⟶ [＿＿＿＿＿＿] ? ‹ No, I don't.

> ❗ 의문문에서는 some 대신 any를 써요.

② Does + 주어 + have + 목적어?

주어가 단수 명사일 경우에 '~을 가지고 있니?, ~을 가지고 있어요?'라고 물을 땐 Does를 맨 앞에 써요.

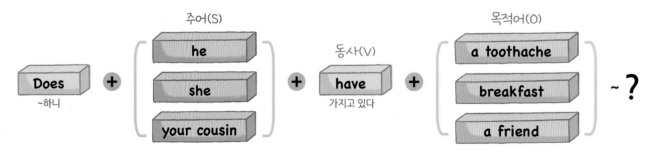

1. 그는 심한 치통이 있나요?

○ _____ _____ _____ _____ ? ◄ Yes, he does.

2. 그녀는 영국인 친구가 있나요?

○ _____ _____ _____ ? ◄ No, she doesn't.

3. 너의 사촌은 매일 아침을 먹니?

○ _____ _____ _____ _____ every day ?

Yes, he/she does.

❸ Did + 주어 + have + 목적어?

'~을 가지고 있었니?, ~을 가지고 있었나요?'라고 물을 땐 주어가 무엇이든 Did를 문장 맨 앞에 쓰면 돼요.

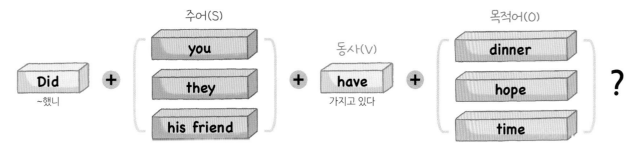

1. 그들은 희망을 좀 가지고 있었니?

○ _____ _____ _____ _____ ?

No, they didn't.

2. 당신은 즐거운 시간을 보냈어요?

○ _____ _____ _____ ?

Yes, I did.

3. 그의 친구는 푸짐한 저녁을 먹었나요?

○ _____ _____ _____ _____ ?

Yes, he/she did.

④ What + do/does/did/will + 주어 + have?

'무엇을 가지고 있는지/있었는지' 또는 '무엇을 먹었는지/먹을 건지'를 물을 땐 의문사 What을 이용해요.

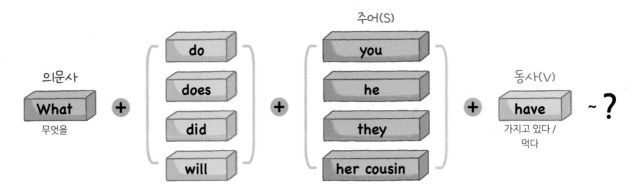

1. 그들은 무엇을 가지고 있었나요?

⟹ ⬜⬜⬜⬜ ? A new computer.

2. 너는 무엇을 가지고 있니?

⟹ ⬜⬜⬜⬜ ?

Some English books.

3. 그는 아침 식사로 뭘 먹나요?

⟹ ⬜⬜⬜⬜ for breakfast ?

Some ham and eggs.

4. 그녀의 사촌은 저녁 식사로 뭘 먹을까?

⟹ ⬜⬜⬜⬜⬜ for dinner ?

Some pizza.

동사 need를 이용하여 문장을 만들어 보세요.

필요하다	need
	needs
필요했다	needed
필요할 것이다	will need

긍정문

1. 그들은 시간이 좀 더 필요할 거예요.

⊙ [   ] [   ] more [   ] .

2. 너는 친구가 좀 필요해.

⊙ [   ] [   ] [   ] .

3. 나는 돈이 많이 필요했다.

⊙ [   ] [   ] [   ] .

4. 그는 새로운 생각이 좀 필요해요.

⊙ [   ] [   ] [   ] .

5. 우리는 좋은 컴퓨터 한 대가 필요했다.

⊙ [   ] [   ] [   ] .

6. 그녀의 사촌은 영어 책이 몇 권 필요하다.

⊙ [   ] [   ] [   ] .

필요하지 않다	don't need
	doesn't need
필요하지 않았다	didn't need
필요하지 않을 것이다	won't need

부정문

1. 그는 돈이 조금도 필요 없다.

   ⟹ [   ] [   ] [   ] .

2. 나는 시간이 (전혀) 필요 없어요.

   ⟹ [   ] [   ] [   ] .

3. 우리는 영어 책이 필요 없어요.

   ⟹ [   ] [   ] [   ] .

4. 그녀의 친구는 돈이 많이 필요 없었다.

   ⟹ [   ] [   ] [   ] .

5. 그의 이모는 새로운 생각이 필요하지 않을 것이다.

   ⟹ [   ] [   ] [   ] .

6. 그들은 중국어 책이 많이 필요 없었어요.

   ⟹ [   ] [   ] [   ] .

필요하니?	Do ~ need?
	Does ~ need?
필요했니?	Did ~ need?
무엇이 필요하니[필요했니]?	What do[does/did] ~ need?

의문문

1. 그들은 무엇이 필요하니?
> ⟶ ␣␣ ?

2. 그녀는 무엇이 필요한가요?
> ⟶ ␣␣ ?

3. 그의 삼촌은 무엇이 필요했니?
> ⟶ ␣␣ ?

4. 그는 영어 책이 한 권 필요하니?
> ⟶ ␣␣ ?

5. 당신은 시간이 좀 필요해요?
> ⟶ ␣␣ ?

6. 그녀는 좋은 친구가 필요했나요?
> ⟶ ␣␣ ?

A. 우리말 뜻에 알맞게 동사 have와 need를 이용하여 빈칸을 채우세요.

1.

가지고 있다	가지고 있지 않다	~을 가지고 있니?
have / _____	_____/doesn't have	Do/_____ ~ have?
가지고 있었다	가지고 있지 않았다	~을 가지고 있었니?
_____	_____ have	Did ~ _____?
가질 것이다	갖지 않을 것이다	무엇을 가지고 있니[있었니]?
will _____	_____ have	What do/does/did ~ _____?

2.

필요하다	필요하지 않다	필요하니?
need / _____	don't/_____ need	_____/Does ~ need?
필요했다	필요하지 않았다	필요했니?
_____	_____	Did ~ _____?
필요할 것이다	필요하지 않을 것이다	무엇이 필요하니[필요했니]?
_____ need	_____	What do/does/did ~ _____?

B. 주어진 단어를 순서대로 배열해 보세요.

> ! 문장의 첫 글자는 대문자로 쓰고, 문장 끝에 문장 부호를 쓰세요.

3.   English book | have | an | we

   ⊳

4.   uncle | a | has | good | his | idea

   ⊳

5.   cousin | won't | breakfast | their | have

   ⊳

6.   money | doesn't | need | she | any

   ⊳

C. 주어진 문장을 지시대로 바꾸어 쓰세요.

7.   They will have a big dinner.

  부정문 →

8.   She doesn't have a bad headache.

  긍정문 →

9.   They had a good time.

  의문문 →

10. He needs a lot of Chinese books.

  부정문 →

D. 주어진 단어들을 이용하여 우리말에 맞게 문장을 완성해 보세요.

11. 그는 푸짐한 아침을 먹었다. ·· big

     →

12. 너는 무엇이 필요하니? ·· need

     →

13. 나는 시간이 조금도 필요하지 않다. ····························· any

     →

맞힌 개수 : /13 개

재료 준비하기 본 학습에 들어가기 전에 다음 단어들을 꼭 기억해 두세요.

인칭대명사

- 목적격 -

- ✔ me 나를
- ◯ you 너를
- ◯ him 그를
- ◯ her 그녀를
- ◯ us 우리를
- ◯ them 그들을

형용사

- ◯ big 큰, 푸짐한, 성대한
- ◯ new 새로운, 새
- ◯ nice 멋진
- ◯ same 같은
- ◯ simple 단순한
- ◯ strong 진한, 독한

make

단어 & 문장 듣기

명사

- father 아버지
- mother 어머니
- parents 부모
- son 아들
- daughter 딸
- child 아이
- friend 친구

- toy 장난감
- wish 소원, 소망
- plan 계획
- effort 수고, 노력
- mistake 실수
- year 해, 연도

- 셀 수 없는 명사 -

- coffee 커피
- money 돈
- trouble 문제, 말썽

Step1

문장의 뼈대 만들기 ⓘ make와 don't make

개념 쏙쏙 부모님이나 선생님, 친구와 역할을 나눠서 읽어 보세요.

① 선생님! 오늘 장난감을 만들 거예요.
재미있겠네요. 오늘 배울 동사가 마침 make에요.

② make는 '만들다'란 뜻이죠?

③ 맞아요. 뜻이 '만들다'니까 무엇을 만드는지 알려 줘야겠죠? make도 뒤에 '~을, ~를'로 끝나는 목적어가 필요한 동사랍니다.

④ 우선 make의 문장 뼈대부터 알아볼까요?
목적어가 필요한 동사니까 <주어 + make + 목적어>!

주어 + make + 목적어

⑤ That's great!

⑥ 물론이죠. some toys, a lot of toys와 같은 복수 명사도 쓸 수 있어요.
아! 그럼, make 뒤에 a cake, a toy, a box, a book 같은 단어를 쓸 수 있겠네요.

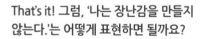
⑦ 그러니까 I make a toy. I make some toys. I make a lot of toys.
That's it! 그럼, '나는 장난감을 만들지 않는다.'는 어떻게 표현하면 될까요?

⑧ '만들지 않는다'니까 do의 도움을 받아서 do not, 줄여서 don't를 붙이면 I don't makes a toy.
don't 뒤에 동사 모양을 잘 생각해 봐요.

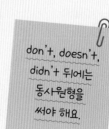
don't, doesn't, didn't 뒤에는 동사원형을 써야 해요.

⑨ 아, 맞다! 원래 모양 그대로 써야 하죠? I don't make a toy.
Very good!

정리착착 단어 블록을 합체하여 문장 구조를 정리해 보세요.

① **make** 만든다

주어가 I, You, We, They 또는 복수 명사일 땐 동사원형 그대로 써요.

나는 드레스를 **만든다**.	I **make** a dress.
우리는 케이크를 **만든다**.	We **make** a cake.
그들은 장난감을 **만든다**.	They **make** a toy.

② **don't make** 만들지 않는다

'만들지 않는다'라고 할 땐 don't make를 합체해요.

나는 드레스를 **만들지 않는다**.	I **don't make** a dress.
우리는 케이크를 **만들지 않는다**.	We **don't make** a cake.
그들은 장난감을 **만들지 않는다**.	They **don't make** a toy.

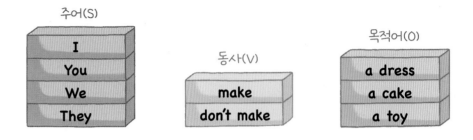

주어(S)

I
You
We
They

동사(V)

make
don't make

목적어(O)

a dress
a cake
a toy

1.

나는   만든다   드레스를

2.

나는   만들지 않는다   케이크를

3.

너는[너희들은]   만든다   장난감을

4.

너는[너희들은]   만들지 않는다   케이크를

5.

우리는   만든다   드레스를

6.

우리는   만들지 않는다   장난감을

7.

그들은   만든다   케이크를

8.

그들은   만들지 않는다   장난감을

Step1

문장의 뼈대 만들기 ⅠⅠ makes와 doesn't make

개념 쏙쏙 부모님이나 선생님, 친구와 역할을 나눠서 읽어 보세요.

❶ make의 문장 뼈대가 무엇이었는지 기억나요?

물론이죠! 〈주어 + make + 목적어〉!

❷ Great! 그럼, 주어가 He, She 같은 단수 명사일 경우엔 문장 뼈대가 어떻게 될까요?

주어가 단수일 땐 동사 끝에 -s를 붙여야 하니까 〈주어 + makes + 목적어〉가 되겠죠.

주어 + makes + 목적어

❸ 첫 번째 문제! '그녀는 드레스를 만든다.'를 말해 볼까요?

음…, She makes a dress.

❹ 이번엔 '그 아이가 실수하다.'를 말해 봐요.

'실수하다'요? make에 그런 뜻도 있어요?

❺ '실수하다'는 즉 '실수를 만든다'는 뜻이잖아요. make의 기본 뜻은 '만들다'이지만 뒤에 나오는 목적어에 어울리게 해석해줘요.

아하! 그럼, '실수'는 mistake라고 하면 돼요?

❻ 맞아요. '만들다'는 뜻의 make 뒤에 '실수'를 뜻하는 a mistake를 써서 '실수하다'가 되는 거예요.

아, 그럼, The child makes a mistake.

❼ That's it! '그 아이는 실수하지 않는다.'는 어떻게 말하면 될까요?

❽ The child doesn't makes a mistake.

어? doesn't 뒤에 동사 모양이 이상하네요.

❾ 앗! 잠시 착각! The child doesn't make a mistake.

Terrific!

두 번째 동사 make **47**

1 makes 만든다

주어가 He, She이거나 단수 명사일 땐 동사 끝에 -s를 붙인 makes를 써요.

그의 딸은 **노력한다.**   His daughter **makes** an effort.

그녀의 아들은 실수를 **저지른다.**   Her son **makes** a mistake.

그들의 아이는 말썽을 **부린다.**   Their child **makes** trouble.

> ❗ make는 뒤에 오는 목적어에 따라 '만들다'라는 뜻 외에 여러 의미로 해석할 수 있어요.

2 doesn't make 만들지 않는다

'만들지 않는다'라고 할 땐 doesn't make를 합체해요.

그의 딸은 **노력하지 않는다.**   His daughter **doesn't make** an effort.

그녀의 아들은 실수를 **저지르지 않는다.**   Her son **doesn't make** a mistake.

그들의 아이는 말썽을 **부리지 않는다.**   Their child **doesn't make** trouble.

> ❗ trouble은 셀 수 없는 명사라서 앞에 a를 붙이지 않아요.

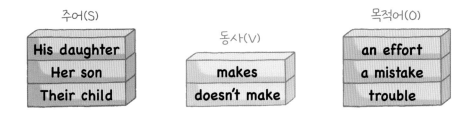

주어(S)

His daughter
Her son
Their child

동사(V)

makes
doesn't make

목적어(O)

an effort
a mistake
trouble

1.

　　　　　　　　　　　　　　　　　　　　　　　.

그의 딸은　　　　　　　　　낸다　　　　　　　　　수고를

2.

　　　　　　　　　　　　　　　　　　　　　　　.

그의 딸은　　　　　　　　부리지 않는다　　　　　　　　　말썽을

3.

　　　　　　　　　　　　　　　　　　　　　　　.

그녀의 아들은　　　　　　　　저지른다　　　　　　　　　실수를

4.

　　　　　　　　　　　　　　　　　　　　　　　.

그녀의 아들은　　　　　　　내지 않는다　　　　　　　　　수고를

5.

　　　　　　　　　　　　　　　　　　　　　　　.

그들의 아이는　　　　　　　　부린다　　　　　　　　　말썽을

6.

　　　　　　　　　　　　　　　　　　　　　　　.

그들의 아이는　　　　　　　저지르지 않는다　　　　　　　　실수를

아래 표현들은 통째로 익혀 두세요.
make a mistake(실수를 저지르다, 실수하다)
make trouble(말썽을 부리다, 문제를 일으키다)
make an effort(노력하다)

개념 쏙쏙 부모님이나 선생님, 친구와 역할을 나눠서 읽어 보세요.

---

① 이번 시간엔 make의 과거형인 made를 공부해 봐요.

make의 과거형이 maked가 아니고 made라고요? 저번에 배운 have의 과거형도 -ed가 붙지 않았는데…. 목적어가 필요한 동사는 모두 -ed가 안 붙나요?

② 아니! 꼭 그렇진 않아요. have나 make처럼 불규칙 변화를 하는 동사들이 나올 때마다 잘 알아두세요.

③ 동사 made는 어떤 뼈대로 문장을 만들까요?

made도 당연히 목적어가 필요하니까 〈주어 + made + 목적어〉겠죠.

주어 + made + 목적어

④ 어? made에 '벌었다'의 뜻도 있어요?

Great! 첫 번째 문제! '그의 아버지는 돈을 벌었다.'는 어떻게 표현할까요?

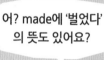

⑤ make 뒤에 나오는 목적어에 따라 동사의 해석이 달라질 수 있어요. make money는 '돈을 만들다'니까 그 의미는 곧 '돈을 벌다'가 되는 거예요.

아하! 그럼, His father made a money.라고 하면 되는 거죠?

⑥ money는 셀 수 없는 명사라서 앞에 a를 안 붙인다고 했죠?

아, 맞다! His father made money.

⑦ '그들의 부모님은 저녁 식사를 준비하지 않았다.'를 말해 볼까요?

⑧ 그 말은 곧 '저녁 식사를 만들지 않았다'니까 Their parents didn't make dinner.

Good job!

make money
(돈을 벌다)
make coffee
(커피를 끓이다)
make dinner
(저녁 식사를 준비하다)

① made 만들었다

'만들었다'라고 할 땐 make의 과거 형태인 made를 써요.

그의 아버지는 돈을 **벌었다**.	His father **made** money.
그녀의 어머니는 커피를 **끓였다**.	Her mother **made** coffee.
그들의 부모님은 저녁 식사를 **준비했다**.	Their parents **made** dinner.

> make는 뒤에
> 나오는 목적어에
> 따라 여러 의미로
> 해석할 수 있어요.

② didn't make 만들지 않았다

'만들지 않았다'라고 할 땐 didn't make를 합체해요.

그의 아버지는 돈을 **벌지 않았다**.	His father **didn't make** money.
그녀의 어머니는 커피를 **끓이지 않았다**.	Her mother **didn't make** coffee.
그들의 부모님은 저녁 식사를 **준비하지 않았다**.	Their parents **didn't make** dinner.

주어(S)

His father
Her mother
Their parents

동사(V)

made
didn't make

목적어(O)

money
coffee
dinner

1. [   ] [   ] [   ] .
   그의 아버지는   벌었다   돈을

2. [   ] [   ] [   ] .
   그의 아버지는   끓이지 않았다   커피를

3. [   ] [   ] [   ] .
   그녀의 어머니는   끓였다   커피를

4. [   ] [   ] [   ] .
   그녀의 어머니는   준비하지 않았다   저녁 식사를

5. [   ] [   ] [   ] .
   그들의 부모님은   준비했다   저녁 식사를

6. [   ] [   ] [   ] .
   그들의 부모님은   벌지 않았다   돈을

> 아래 표현들도 함께 알아두세요.
> make tea(차를 끓이다)
> make breakfast(아침 식사를 준비하다)
> make lunch(점심 식사를 준비하다)

개념 쏙쏙 부모님이나 선생님, 친구와 역할을 나눠서 읽어 보세요.

오늘은 미래 형태인 will make 를 공부해 볼 거예요. ①

will make는 '만들 것이다'란 뜻이죠?

Right! will make의 문장 뼈대를 한번 말해 볼까요? ②

보나마나 〈주어 + will make + 목적어〉겠죠.

주어 + will make + 목적어

Very good! 오늘도 make 뒤에 새로운 목적어를 붙여 봐요. 음, '소원'이란 뜻의 a wish를 한번 붙여 볼까요? ③

make a wish니까 '소원을 만들다'? 아, '소원을 빌다' 란 뜻이죠?

Wonderful! 민준이가 이제 감을 잡은 모양이네요. 그럼, '그의 딸들은 소원을 빌 것이다.'를 말해 볼까요? ④

어…, '딸들'은 복수니까 daughter에 -s를 붙여서 His daughters will make a wish.

---

will make는 주어가 단수이든 복수이든 상관없이 항상 그 모양 그대로 써요. ⑤

딸이 한 명이면 His daughter will make a wish.

자, 이번엔 '그의 딸들은 소원을 빌지 않을 것이다.'를 말해 봐요. ⑥

그것도 문제 없어요! '빌지 않을 것이다'니까 will에 not만 붙이면 끝!

줄여서 won't라고 하는 것도 알고 있겠죠? ⑦

당연한 말씀을!

will not = won't

정답은 His daughters won't make a wish. ⑧

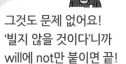

make a wish
(소원을 빌다)
make a plan
(계획을 세우다)
make friends
(친구를 사귀다)

① **will make** 만들 것이다

'만들 것이다'라고 할 땐 주어가 무엇이든 will make만 붙이면 돼요.

그의 딸들은 소원을 **빌 것이다.**   His daughters **will make** a wish.

그녀의 아들들은 계획을 **세울 것이다.**   Her sons **will make** a plan.

그들의 아이들은 친구들을 **사귈 것이다.**   Their children **will make** friends.

> ❗ 여러 소원, 계획을 나타낼 땐 복수형 으로도 쓸 수 있어요.
> make wishes (소원들을 빌다)
> make plans (계획들을 세우다)

② **won't make** 만들지 않을 것이다

'만들지 않을 것이다'라고 할 땐 will not을 줄인 won't를 붙여서 won't make라고 해요.

그의 딸들은 소원을 **빌지 않을 것이다.**   His daughters **won't make** a wish.

그녀의 아들들은 계획을 **세우지 않을 것이다.**   Her sons **won't make** a plan.

그들의 아이들은 친구들을 **사귀지 않을 것이다.**   Their children **won't make** friends.

주어(S)

His daughters
Her sons
Their children

동사(V)

will make
won't make

목적어(O)

a wish
a plan
friends

1.

      그의 딸들은   빌 것이다   소원을   .

2.

      그의 딸들은   사귀지 않을 것이다   친구들을   .

3.

      그녀의 아들들은   세울 것이다   계획을   .

4.

      그녀의 아들들은   빌지 않을 것이다   소원을   .

5.

      그들의 아이들은   사귈 것이다   친구들을   .

6.

      그들의 아이들은   세우지 않을 것이다   계획을   .

> 아래 표현들도 함께 알아두세요.
> make a bed (잠자리[요]를 펴다)
> make a list (명단을 작성하다)
> make a living (생활비를 벌다)

문장에 살 붙이기 Ⅰ 형용사

개념 쏙쏙 부모님이나 선생님, 친구와 역할을 나눠서 읽어 보세요.

❶ 선생님! 목적어에도 살을 붙일 수 있다고 하셨죠?

그래요. 주어에 살 붙이는 방법과 같다고 했어요. 한번 해볼까요? '멋진 케이크'를 표현해 봐요.

❷ a/an + 형용사 + 명사

a nice cake.

Good job!

❸ '새 친구들'은 어떻게 표현하면 될까요?

그건 a new friends겠죠, 뭐.

❹ friends는 '친구들'이란 뜻의 복수 명사잖아요. 복수 명사 앞에는 a를 못 붙여요.

✗ + friends

아는 건데 깜박했어요. new friends이죠?

❺ That's it! 하나만 더? strong을 써서 '진한 커피'를 말해 봐요.

❻ a strong coffee!

coffee, tea, water처럼 셀 수 없는 명사 앞에도 a/an을 붙이지 않아요.

❼ 앗, 또 실수했네요. a를 빼고 strong coffee!

❽ Good! 이번엔 좀 별난 형용사를 하나 배워 볼까요? '(똑)같은'이란 뜻을 가진 same이라는 형용사예요. 자, '똑같은 실수'라는 표현을 한번 말해 볼까요?

음…, a same mistake?

❾ 순서는 맞았는데, same이라는 형용사는 앞에 꼭 the를 데리고 다녀요. 그래서 <the same + 명사> 형태로 써 줘야 해요.

❿ 아하, 그럼 the same mistake / the same dress.

❶ a + 형용사 + 명사

형용사는 명사 앞에서 명사를 꾸며 줘요.

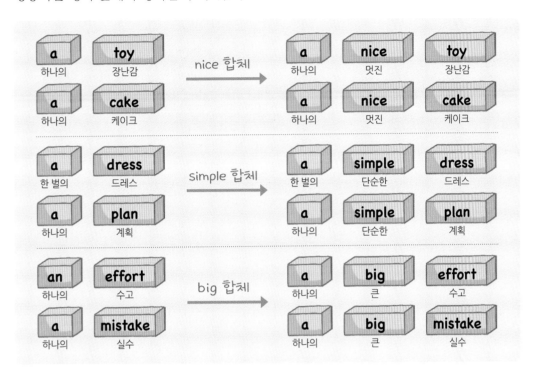

나는 **멋진 케이크를** 만든다.   I make **a nice cake**.

그들은 **큰 실수를** 저질렀다.   They made **a big mistake**.

❷ the same + 명사

'(똑)같은'이란 뜻의 형용사 same을 명사 앞에 붙일 땐 꼭 the와 함께 써야 해요.

그는 **똑같은** 실수를 저지른다.   He makes **the same** mistake.

그녀는 **똑같은** 드레스를 만들었다.   She made **the same** dress.

the same을
한 단어처럼
익혀 두면 편해요.

목적어(O)

관사　　　　　형용사　　　　　명사

주어(S)　　　　동사(V)

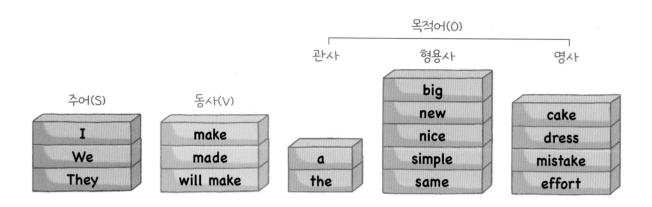

I	make		big	cake
We	made	a	new	dress
They	will make	the	nice	mistake
			simple	effort
			same	

1. 나는 멋진 드레스를 만들 것이다.

나는　　　　　만들 것이다　　　　　한 벌의　　　　　멋진　　　　　드레스를

2. 우리는 단순한 실수를 저질렀다.

우리는　　　　　저질렀다　　　　　하나의　　　　　단순한　　　　　실수를

3. 그들은 큰 노력을 했다.

그들은　　　　　했다　　　　　하나의　　　　　큰　　　　　수고를

4. 나는 멋진 케이크를 만들었다.

나는　　　　　만들었다　　　　　하나의　　　　　멋진　　　　　케이크를

5. 우리는 새 드레스를 만든다.

우리는　　　　　만든다　　　　　한 벌의　　　　　새　　　　　드레스를

6. 그들은 똑같은 실수를 저지를 것이다.

그들은　　　　　저지를 것이다　　　　　그　　　　　똑같은　　　　　실수를

연습팍팍 ② 우리말에 맞춰 단어 블록들을 연결하고 완성된 문장을 써 보세요.

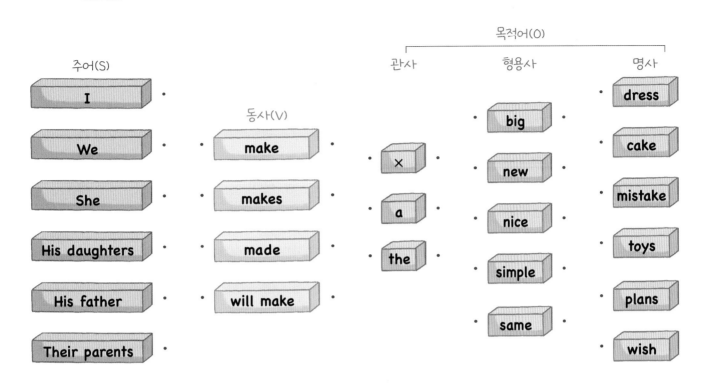

1. 나는 큰 실수를 했다.

2. 우리는 똑같은 장난감들을 만들었다.

3. 그녀는 새 드레스를 만든다.

4. 그의 딸들은 단순한 케이크를 만든다.

5. 그의 아버지는 큰 소원을 빌었다.

6. 그들의 부모님은 멋진 계획들을 세울 것이다.

개념 쏙쏙 부모님이나 선생님, 친구와 역할을 나눠서 읽어 보세요.

선생님! 오늘 저랑 케이크 만드실 거죠? ❶

물론이죠. 우리 멋지게 만들어 봐요. 그 전에 방금 한 말을 영어로 만들어 볼까요?

에휴~, 그럼 그렇지. 그냥 넘어가실 리가 없다니까. ❷

호호호, 투덜대지 말고 '나는 그녀와 함께 케이크를 만들 것이다.'를 만들어 봐요.

'그녀와 함께'는 with she로 하면 되나요?

with 같은 전치사 다음에 I나 she 같은 인칭대명사를 쓰려면 항상 목적격으로 써야 해요. 그러니까 she의 목적격인 her를 써야 하는 거예요. ❸

전치사 + 인칭대명사의 목적격

인칭대명사의 목적격
· I → **me**   · he → **him**
· you → **you**   · she → **her**
· we → **us**   · they → **them**

그럼, I will make with her a cake.이라고 하면 돼요? ❹

이런, 어쩌죠? with her와 같은 부사구는 시간이나 장소 부사구처럼 문장 뼈대의 맨 뒤에 붙여요.

아~, 그럼, I will make a cake with her. ❺

Excellent!

이번엔 '나는 그녀를 위해 케이크를 만들 것이다.'를 해볼까요? '~를 위해'는 전치사 for를 써요. ❻

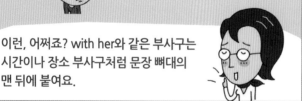
with her처럼 for 뒤에도 she 대신 her를 쓰겠죠? 그러니까 I will make a cake for her.

wonderful! with나 for 뒤에는 모두 인칭대명사의 목적격을 써요. for me, with me 처럼요. ❼

전치사 뒤에 인칭대명사를 쓸 땐 항상 목적격을 써 줘야 해요.

① with + 인칭대명사의 목적격

'(누구)와 함께'라고 할 때 전치사 with 뒤에는 인칭대명사의 목적격을 써 줘요.

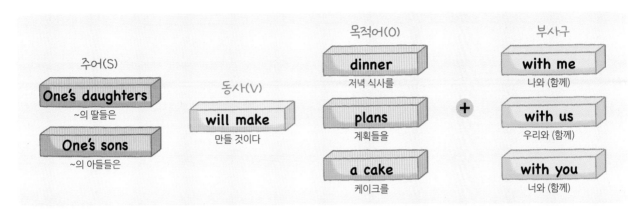

그의 딸들은 **나와 함께** 저녁 식사를 준비할 것이다.

그녀의 아들들은 **우리와 함께** 계획들을 세울 것이다.

그들의 딸들은 **너와 함께** 케이크를 만들 것이다.

His daughters will make dinner **with me**.

Her sons will make plans **with us**.

Their daughters will make a cake **with you**.

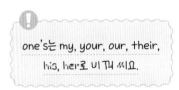

one's는 my, your, our, their, his, her로 비꿔 쓰세요.

② for + 인칭대명사의 목적격

'~를 위해'라는 뜻의 전치사 for 뒤에 사람이 오는 경우에도 인칭대명사의 목적격을 써 줘야 해요.

그녀의 어머니는 **그녀를 위해** 드레스를 만들었다.

그의 어머니는 **그를 위해** 장난감들을 만들었다.

그들의 부모님은 **그들을 위해** 케이크를 만들었다.

Her mother made a dress **for her**.

His mother made toys **for him**.

Their parents made a cake **for them**.

연습 팍팍 ❶ 우리말에 맞춰 단어 블록들을 연결하고 완성된 문장을 써 보세요.

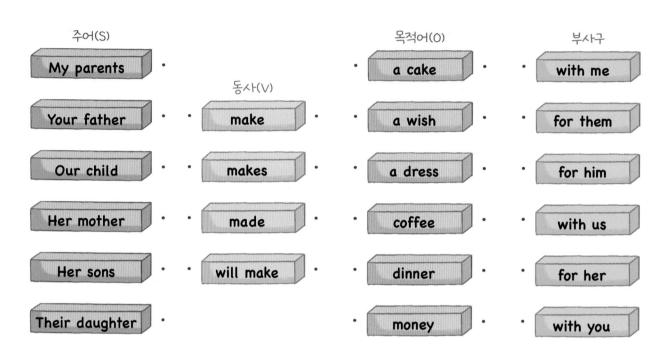

1. 나의 부모님은 나와 함께 드레스를 만든다.

   ⬦ [　　　　] [　　　　] [　　　　] [　　　　] .

2. 너의 아버지는 우리와 함께 소원을 빌 것이다.

   ⬦ [　　　　] [　　　　] [　　　　] [　　　　] .

3. 우리 아이는 그들을 위해 케이크를 만들었다.

   ⬦ [　　　　] [　　　　] [　　　　] [　　　　] .

4. 그녀의 어머니는 그녀를 위해 돈을 번다.

   ⬦ [　　　　] [　　　　] [　　　　] [　　　　] .

5. 그녀의 아들들은 너와 함께 저녁 식사를 준비할 것이다.

   ⬦ [　　　　] [　　　　] [　　　　] [　　　　] .

6. 그들의 딸은 그를 위해 커피를 끓였다.

   ⬦ [　　　　] [　　　　] [　　　　] [　　　　] .

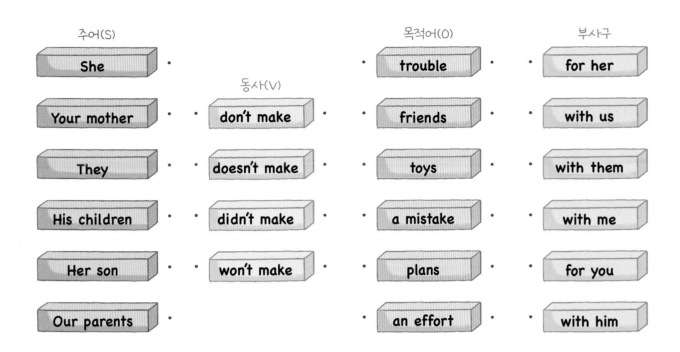

주어(S)   She   Your mother   They   His children   Her son   Our parents

동사(V)   don't make   doesn't make   didn't make   won't make

목적어(O)   trouble   friends   toys   a mistake   plans   an effort

부사구   for her   with us   with them   with me   for you   with him

1. 그녀는 그들과 함께 계획들을 세우지 않는다.

2. 너의 어머니는 우리에게 실수를 저지르지 않으셨다.

3. 우리 부모님은 그녀를 위해 장난감들을 만들지 않는다.

4. 그의 아이들은 당신을 위해 말썽을 부리지 않을 것이다.

5. 그녀의 아들은 그와 친구가 되지 않았다.

6. 그들은 나와 함께 노력하지 않을 것이다.

슈퍼 문장 만들기

연습 팍팍 문장 뼈대에 살을 붙여가면서 슈퍼 문장을 만들어 보세요.

1) 목적어에 살을 붙일 땐 〈a/an + 형용사 + 명사〉의 순서로 써요.
2) 명사가 복수형이거나 셀 수 없는 명사일 땐 관사 없이 〈형용사 + 명사〉로 써요.
3) '(똑)같은'이란 뜻의 형용사를 붙일 땐 〈the same + 명사〉 형태로 써야 해요.

1. ❶ **나의 부모님은 계획들을 세울 것이다.**

   ❷ 나의 부모님은 **새로운** 계획들을 세울 것이다.

   ❸ 나의 부모님은 **그들과 함께** 새로운 계획들을 세울 것이다.

2. ❶ **그의 아버지는 소원을 하나 빌었다.**

   ❷ 그의 아버지는 **큰** 소원을 하나 빌었다.

   ❸ 그의 아버지는 **그를 위해** 큰 소원을 하나 빌었다.

3. ❶ 나의 어머니는 케이크를 만들었다.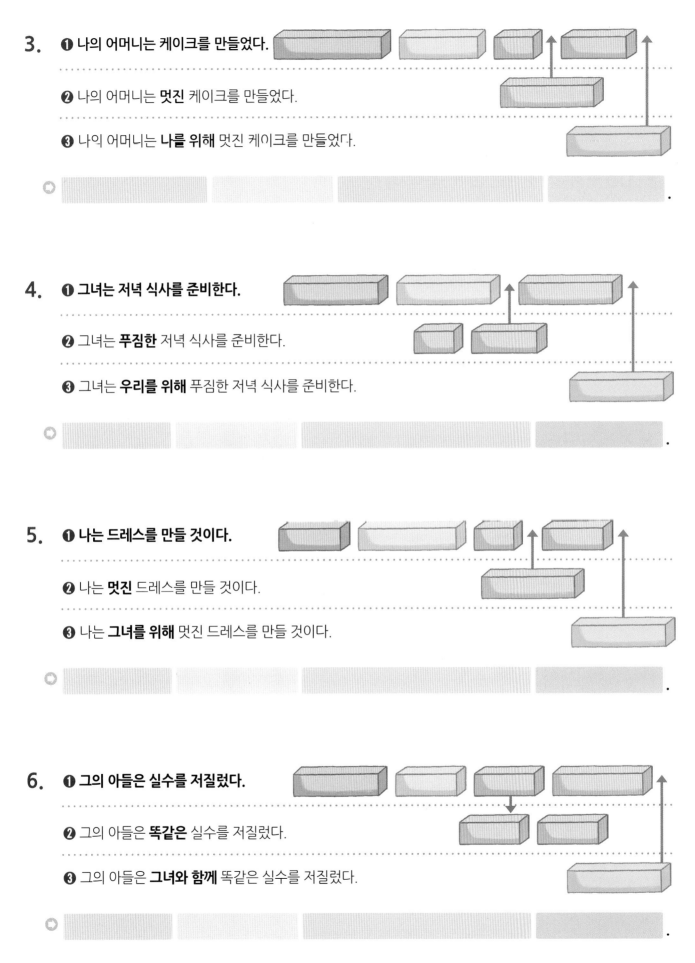

❷ 나의 어머니는 **멋진** 케이크를 만들었다.

❸ 나의 어머니는 **나를 위해** 멋진 케이크를 만들었다.

○

4. ❶ 그녀는 저녁 식사를 준비한다.

❷ 그녀는 **푸짐한** 저녁 식사를 준비한다.

❸ 그녀는 **우리를 위해** 푸짐한 저녁 식사를 준비한다.

○

5. ❶ 나는 드레스를 만들 것이다.

❷ 나는 **멋진** 드레스를 만들 것이다.

❸ 나는 **그녀를 위해** 멋진 드레스를 만들 것이다.

○

6. ❶ 그의 아들은 실수를 저질렀다.

❷ 그의 아들은 **똑같은** 실수를 저질렀다.

❸ 그의 아들은 **그녀와 함께** 똑같은 실수를 저질렀다.

○

Step 4

의문문 만들기

① Do + 주어 + make + 목적어?

주어가 복수 명사일 경우에 '~을 만드니?, ~을 만들어요?'라고 물을 땐 Do를 맨 앞에 써요.

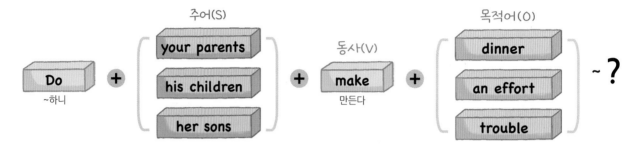

1. 너의 부모님은 저녁 식사를 준비하시니?

⊙ [　　　　] [　　　　] [　　　　] [　　　　] ? ◄ Yes, they do.

2. 그녀의 아들들은 매일 말썽을 부리나요?

⊙ [　　　　] [　　　　] [　　　　] [　　　　] every day ? ◄ No, they don't.

3. 그의 아이들은 노력하나요?

⊙ [　　　　] [　　　　] [　　　　] [　　　　] ? ◄ Yes, they do.

② Does + 주어 + make + 목적어?

주어가 단수 명사일 경우에 '~을 만드니?, ~을 만들어요?'라고 물을 땐 Does를 맨 앞에 쓰세요.

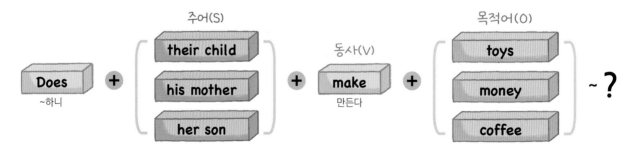

1. 그녀의 아들은 그들을 위해 돈을 버나요?

○ ⬜⬜⬜⬜⬜ ?

> No, he doesn't.

2. 그의 어머니는 그를 위해 커피를 끓이시니?

○ ⬜⬜⬜⬜⬜ ?

> Yes, she does.

3. 그들의 아이는 그와 함께 장난감들을 만드나요?

○ ⬜⬜⬜⬜⬜ ?

> Yes, he/she does.

❸ Did + 주어 + make + 목적어?

'~을 만들었니?, ~을 만들었어요?'라고 물을 땐 주어가 무엇이든 Did를 문장 맨 앞에 쓰면 돼요.

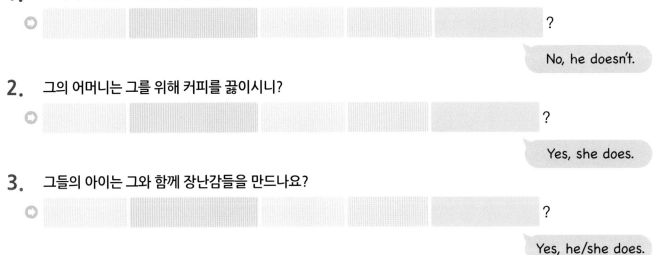

1. 그녀의 어머니는 소원을 빌었니?

○ ⬜⬜⬜⬜ ? ◁ Yes, she did.

2. 그의 아버지는 똑같은 실수를 저지르셨나요?

○ ⬜⬜⬜⬜ ?

> Yes, he did.

3. 그들의 부모님은 그녀와 함께 계획들을 세우셨니?

○ ⬜⬜⬜⬜ ?

> No, they didn't.

④ What + do/does/did/will + 주어 + make?

'무엇을 만드는지/만들었는지/만들 건지'를 물을 땐 의문사 What을 이용해요.

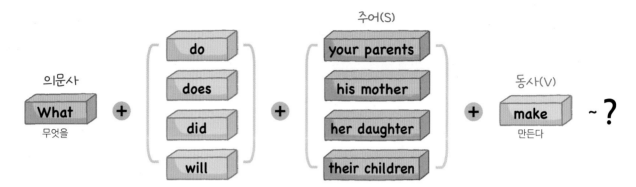

1. 너의 부모님은 그들과 (함께) 무엇을 만드시니?
   ➡ _____ _____ _____ _____ _____ ?

   Some toys.

2. 그의 어머니는 여기서 무엇을 만드나요?
   ➡ _____ _____ _____ _____ here ?

   Dinner for him.

3. 그녀의 딸은 어제 무엇을 만들었니?
   ➡ _____ _____ _____ _____ yesterday ?

   A new dress.

4. 그들의 아이들은 그의 생일을 위해 무엇을 만들까요?
   ➡ _____ _____ _____ for his birthday ?

   Some flowers.

CHALLENGE!

동사 hate를 이용하여 문장을 만들어 보세요.

싫어한다	hate
	hates
싫어했다	hated
싫어할 것이다	will hate

긍정문

1. 그의 아들은 단순한 장난감을 싫어해요.

   _____ _____ _____ .

2. 그녀의 아버지는 진한 커피를 싫어하셨다.

   _____ _____ _____ .

3. 내 딸은 똑같은 드레스를 싫어할 것이다.

   _____ _____ _____ .

4. 그들의 아이들은 그 케이크를 싫어했다.

   _____ _____ _____ .

5. 그의 어머니는 그의 새 친구들을 싫어할 거예요.

   _____ _____ _____ .

6. 나의 부모님은 푸짐한 저녁을 싫어하신다.

   _____ _____ _____ .

싫어하지 않는다	don't hate
	doesn't hate
싫어하지 않았다	didn't hate
싫어하지 않을 것이다	won't hate

부정문

1. 나는 그의 친구들을 싫어하지 않아요.

◌ ☐ ☐ ☐ .

2. 그의 아들들은 단순한 장난감들을 싫어하지 않았다.

◌ ☐ ☐ ☐ .

3. 그녀의 어머니는 커피를 싫어하시지 않는다.

◌ ☐ ☐ ☐ .

4. 그들의 부모님은 그의 새 계획들을 싫어하지 않을 거예요.

◌ ☐ ☐ ☐ .

5. 그의 아버지는 그 책을 싫어하지 않으셨다.

◌ ☐ ☐ ☐ .

6. 당신 딸은 그 새 드레스를 싫어하지 않을 거예요.

◌ ☐ ☐ ☐ .

싫어하니?	Do ~ hate?
	Does ~ hate?
싫어했니?	Did ~ hate?
무엇을 싫어하니[싫어할 것이니]?	What do[does/will] ~ hate?

의문문

1. 너는 영어를 싫어하니?

　?

2. 그의 아들은 장난감들을 싫어해요?

　?

3. 그들의 아이는 그 새 계획을 싫어했나요?

　?

4. 그녀의 아버지는 무엇을 싫어하시나요?

　?

5. 너의 부모님은 무엇을 싫어하시니?

　?

6. 그의 딸들은 무엇을 싫어할까?

　?

REVIEW TEST

A. 우리말 뜻에 알맞게 동사 make와 hate를 이용하여 빈칸을 채우세요.

1.

만든다 _____ / makes	만들지 않는다 _____ /doesn't make	~을 만드니? Do/_____ ~ make?
만들었다 _____	만들지 않았다 _____ make	~을 만들었니? Did ~ _____ ?
만들 것이다 will _____	만들지 않을 것이다 _____ make	무엇을 만드니[만들었니]? What do/does/did ~ _____ ?

2.

싫어한다 hate / _____	싫어하지 않는다 don't/_____ hate	싫어하니? _____ /Does ~ hate?
싫어했다 _____	싫어하지 않았다 _____	싫어했니? Did ~ _____ ?
싫어할 것이다 _____ hate	싫어하지 않을 것이다 _____	무엇을 싫어하니[싫어했니]? What do/does/did ~ _____ ?

B. 주어진 단어를 순서대로 배열해 보세요.

> 문장의 첫 글자는 대문자로 쓰고, 문장 끝에 문장 부호를 쓰세요.

3. makes | a | his | mistake | son

> ➡

4. dress | made | the | she | same

> ➡

5. make | their | doesn't | child | trouble

> ➡

6. coffee | hates | he | strong

> ➡

C. 주어진 문장을 지시대로 바꾸어 쓰세요.

7. Her sons make trouble every day.

    부정문 →

8. She doesn't make friends with them.

    긍정문 →

9. Her daughter makes plans.

    의문문 →

10. I will hate my friends.

    부정문 →

D. 주어진 단어들을 이용하여 우리말에 맞게 문장을 완성해 보세요.

11. 그녀의 어머니는 그들과 함께 돈을 번다. .... money

    →

12. 그의 아이는 소원을 빌지 않았다. .... wish

    →

13. 그의 아들은 단순한 장난감들을 싫어하니? .... simple

    →

맞힌 개수 :

/13 개

본 학습에 들어가기 전에 다음 단어들을 꼭 기억해 두세요.

명사

- ✔ **cooking** 요리
- ○ **shopping** 쇼핑
- ○ **housework** 집안일
- ○ **laundry** 빨래, 세탁물
- ○ **dish** 접시(복수형: dishes)
- ○ **homework** 숙제
- ○ **best** 최선, 최상
- ○ **duty** 의무
- ○ **hair** 머리카락

부정대명사

- ○ **something** 뭔가, 어떤 일[것]
- ○ **anything** (부정문, 의문문에서) 아무것, 무엇
- ○ **everything** 모든 일[것]
- ○ **nothing** 아무것도 (~ 않다)

세 번째 동사

do

단어 & 문장 듣기

형용사

- good 좋은
- bad 나쁜
- right 옳은
- wrong 잘못된, 틀린
- every 매~, ~마다

부사(구)

- always 항상
- often 종종
- never 절대 (~ 않다)
- once 한 번
- twice 두 번
- three times 세 번

문장의 뼈대 만들기 I do와 don't do

개념 쏙쏙 부모님이나 선생님, 친구와 역할을 나눠서 읽어 보세요.

①

오늘부터는 do 동사를 공부해 봐요. 동사 do도 목적어를 필요로 하는 동사예요.

주어 + do + 목적어

어? do는 다른 동사의 부정문이나 의문문을 만들 때 도와주는 동사였잖아요?

②
맞아요. 근데, 도와주기만 하는 게 아니라 '하다, 행하다'란 뜻으로도 써요.

하다   행하다

③
첫 번째 문제! '나는 숙제를 한다.'를 만들어 볼까요? my homework를 이용해서 말해 보세요.

음…, I do my homework.

④
근데요, homework 앞에 my를 꼭 써 줘야 해요?

응, '숙제를 하다'는 do one's homework로 표현해요.

⑤
아, 그럼, one's 대신에 my가 들어간 거네요?

⑥
That's right! one's 대신 주어에 맞춰 my, your, his, her, our, their와 같은 소유격을 넣어 주면 돼요.

⑦
'나는 숙제를 하지 않는다.'를 말해 볼까요?

부정문이니까 don't를 붙여서 I don't my homework!

⑧
음, 원래 동사는 어디로 갔죠? don't는 부정문을 만들어 주는 역할을 하는 것뿐이니 그 뒤에 동사 do가 나와야죠.

don't + 동사원형

⑨
아, 그러네요. don't do가 돼야 하니까 I don't do my homework.

That's great!

don't는 도와주는 역할만 해주는 거니까 뒤에 꼭 동사가 나와야 해요!

① **do** 한다

동사 do는 '하다, 행하다'의 뜻으로, 주어가 I, You, We, They이거나 복수 명사일 땐 동사원형 그대로 써요.

나는 숙제를 **한다**.   I **do** my homework.

우리는 최선을 **다한다**.   We **do** our best.

그들은 의무를 **다한다**.   They **do** their duty.

> one's 대신 주어에 맞춰 my, your, his, her, our, their로 바꿔주면 돼요.

② **don't do** 하지 않는다

'하지 않는다'라고 할 땐 don't do를 합체해요. don't를 썼다고 뒤에 동사 do를 빼먹으면 안 돼요!

나는 숙제를 **하지 않는다**.   I **don't do** my homework.

우리는 최선을 **다하지 않는다**.   We **don't do** our best.

그들은 의무를 **다하지 않는다**.   They **don't do** their duty.

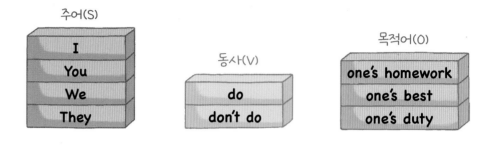

연습팍팍 각각의 블록을 합체하여 문장을 만들어 보세요.

주어(S)

I
You
We
They

동사(V)

do
don't do

목적어(O)

one's homework
one's best
one's duty

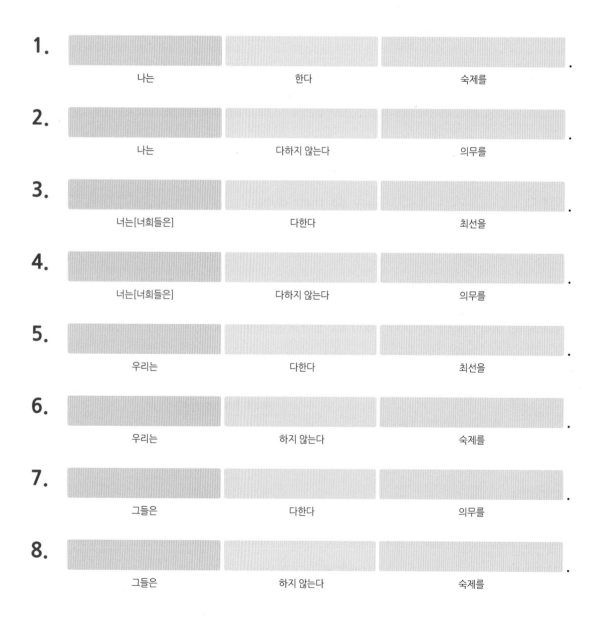

1.

나는　　　　　　　한다　　　　　　　숙제를

2.

나는　　　　　　　다하지 않는다　　　　　　　의무를

3.

너는[너희들은]　　　　　　　다한다　　　　　　　최선을

4.

너는[너희들은]　　　　　　　다하지 않는다　　　　　　　의무를

5.

우리는　　　　　　　다한다　　　　　　　최선을

6.

우리는　　　　　　　하지 않는다　　　　　　　숙제를

7.

그들은　　　　　　　다한다　　　　　　　의무를

8.

그들은　　　　　　　하지 않는다　　　　　　　숙제를

문장의 뼈대 만들기 Ⅱ does와 doesn't do

개념 쏙쏙 부모님이나 선생님, 친구와 역할을 나눠서 읽어 보세요.

지난 시간에 배운 do 동사의 문장 뼈대가 어떻게 된다고 했죠? ❶

〈주어 + do + 목적어〉요.

Good! 그럼, 어떤 주어들을 썼는지도 기억나요? ❷

물론이죠! I, You, We, They였어요.

Good job! 주어가 He, She, My mother 같은 3인칭 단수가 되면 문장 뼈대가 어떻게 바뀔까요? ❸

그야 주어가 3인칭 단수니까 do 동사 끝에 -es를 붙여서 〈주어 + does + 목적어〉가 되겠죠. ❹

주어 + does + 목적어

Wonderful! '그녀는 빨래를 한다.'는 어떻게 표현할까요? '빨래'는 the laundry라고 하면 돼요. ❺

음…, She does the laundry.

That's it! 이번엔 '그녀는 설거지를 하지 않는다.'를 해볼까요? '설거지'는 the dishes를 이용해 보세요. ❻

'하지 않는다'니까 doesn't를 붙여서 She doesn't the dishes.

또 빼먹었네요! doesn't는 부정문을 만들어 주는 역할이니까 그 뒤에 동사를 붙여 줘요. ❼

doesn't + 동사원형

doesn't 뒤에 '하다'를 의미하는 동사 do를 붙여야 한다는 거, 잊지 마세요!

윽! 제가 동사를 또 안 챙겼네요. ❽

같은 동사가 두 번 나오니까 좀 헷갈렸나 봐요. 다시 말해 볼까요?

She doesn't do the dishes. ❾

Terrific!

① **does** 한다

주어가 He, She이거나 단수 명사일 땐 do에 -es를 붙여요.

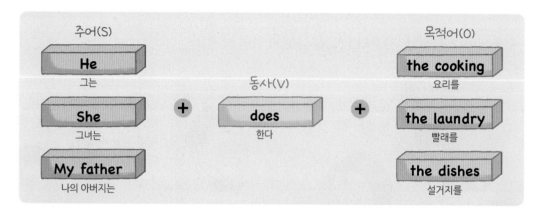

그는 요리를 **한다**.	He **does** the cooking.
그녀는 빨래를 **한다**.	She **does** the laundry.
나의 아버지는 설거지를 **하신다**.	My father **does** the dishes.

② **doesn't do** 하지 않는다

'하지 않는다'라고 할 땐 doesn't 뒤에 동사 do까지 꼭 챙겨서 doesn't do로 써야 해요.

그는 요리를 **하지 않는다**.	He **doesn't do** the cooking.
그녀는 빨래를 **하지 않는다**.	She **doesn't do** the laundry.
나의 어머니는 설거지를 **하지 않으신다**.	My mother **doesn't do** the dishes.

 각각의 블록을 합체하여 문장을 만들어 보세요.

주어(S)
He
She
My mother
My father

동사(V)
does
doesn't do

목적어(O)
the cooking
the laundry
the dishes

1.
그는　　　　　　한다　　　　　　요리를

2.
그는　　　　　　하지 않는다　　　　　　설거지를

3.
그녀는　　　　　　한다　　　　　　빨래를

4.
그녀는　　　　　　하지 않는다　　　　　　설거지를

5.
나의 어머니는　　　　　　하신다　　　　　　빨래를

6.
나의 아버지는　　　　　　하지 않으신다　　　　　　요리를

개념 쏙쏙 부모님이나 선생님, 친구와 역할을 나눠서 읽어 보세요.

❶ 이번 시간엔 did를 공부할 거예요.

전에 배웠던 동사들의 과거형 문장들을 만들 때 도움을 주었던 바로 그 did요?

❷ That's right! 근데, 오늘 배우는 did는 '했다'라는 뜻을 가진 동사예요. 모양은 같지만 역할이 다르죠. 동사 did를 쓸 땐 어떤 뼈대로 문장을 만들까요?

did도 목적어가 필요할 테니까 〈주어 + did + 목적어〉가 돼야겠죠.

주어 + did + 목적어

❸ Good! '나의 어머니는 집안일을 하셨다.'를 말해 볼까요?

어…, My mother dids the housework.

❹ 앗, 실수했어요! My mother did the housework.

엉? did는 과거형인데 -s를 붙여 줄 필요가 있을까요?

❺ 이번엔 '나의 어머니는 집안일을 하지 않으셨다.'를 말해 봐요.

'하지 않으셨다'니까 My mother didn't the housework.

❻ 이런, 동사를 자꾸 빠뜨리네. 과거 부정문을 만들 때 didn't의 도움을 받은 다음엔 뒤에 동사원형을 꼭 써야 한다고 했잖아요.

didn't + 동사원형

❼ 앗, 동사! 어휴~, 왜 이렇게 자꾸 까먹는지….

반복해서 연습하다 보면 괜찮아질 거예요. 자, 동사를 잘 챙겨서 다시 말해 봐.

❽ Great!

My mother didn't do the housework.

didn't 뒤에는 동사 do를 꼭 붙여 주세요!

① **did** 했다

'했다'라고 과거 일에 대해 말할 땐 주어가 무엇이든 did로 표현해요.

나는 쇼핑을 **했다**.	I **did** the shopping.
우리는 집안일을 **했다**.	We **did** the housework.
그녀는 머리 손질을 **했다**.	She **did** her hair.

② **didn't do** 하지 않았다

'하지 않았다'라고 할 땐 didn't do를 합체해요.

그는 쇼핑을 **하지 않았다**.	He **didn't do** the shopping.
그들은 집안일을 **하지 않았다**.	They **didn't do** the housework.
그의 어머니는 머리 손질을 **하지 않으셨다**.	His mother **didn't do** her hair.

> do one's hair는 '머리 손질을 하다' 란 뜻이에요.

주어(S)

I
We
They
He
She
His mother

동사(V)

did
didn't do

목적어(O)

the shopping
the housework
one's hair

1.

나는 　　　　　　했다 　　　　　　쇼핑을

2.

우리는 　　　　　　하지 않았다 　　　　　　집안일을

3.

그들은 　　　　　　했다 　　　　　　머리 손질을

4.

그는 　　　　　　하지 않았다 　　　　　　쇼핑을

5.

그녀는 　　　　　　했다 　　　　　　집안일을

6.

그의 어머니는 　　　　　　하지 않으셨다 　　　　　　쇼핑을

7.

우리는 　　　　　　했다 　　　　　　머리 손질을

8.

나는 　　　　　　하지 않았다 　　　　　　집안일을

9.

그녀는 　　　　　　했다 　　　　　　머리 손질을

개념 쏙쏙 부모님이나 선생님, 친구와 역할을 나눠서 읽어 보세요.

❶ 오늘은 will do를 공부할 거예요.

will do는 '할 것이다'란 뜻이죠?

❷ That's right! 그럼, will do의 문장 뼈대도 한번 말해 볼래요?

보나마나 〈주어 + will do + 목적어〉겠죠.

주어 + will do + 목적어

❸ '우리는 뭔가 할 것이다.'는 어떻게 말할까요?

'뭔가'는 something이니까 We will do something.

❹ 이번엔 '우리는 어떤 일도 하지 않을 것이다.'를 말해 볼까요?

무성분이니까 will not을 붙여야 하고, 그걸 줄이면 won't니까 We won't do something.

❺ 음, 잘하긴 했는데, not이 들어간 부정문에서는 something 대신 anything을 써요.

❻ 아~, 그럼, We won't do anything.이라고 해야겠네요?

That's it! '우리는 아무것도 안 할 것이다.'를 해볼까요?

❼ won't만 붙이면 되니까 We won't do nothing.

❽ nothing은 그 자체에 '~하지 않는다'란 뜻을 포함하고 있어서 이 경우엔 won't를 쓰지 않아요.

❾ That's great!

아하! We will do nothing.

nothing에는 부정의 의미가 포함돼 있어요.

① **will do** 할 것이다

'할 것이다'라고 말할 땐 주어가 무엇이든 will do를 써요.

나는 뭔가 **할 것이다.**

우리는 모든 일을 **할 것이다.**

그들은 아무것도 안 **할 것이다.**

I **will do** something.

We **will do** everything.

They **will do** nothing.

(= They won't do anything.)

> nothing은
> not ~ anything
> 과 같은 의미예요.

② **won't do** 하지 않을 것이다

'하지 않을 것이다'라고 할 땐 won't를 붙여서 won't do로 표현해요.

그는 어떤 일도 **하지 않을 것이다.**

그녀는 모든 일을 **하지 않을 것이다.**

He **won't do** anything.

(= He will do nothing.)

She **won't do** everything.

> not이 들어간
> 부정문에서는
> something 대신
> anything을 써요.

주어(S)

I
We
They
He
She

동사(V)

will do
won't do

목적어(O)

something
everything
nothing
anything

1.

나는 · 할 것이다 · 뭔가

2.

나는 · 하지 않을 것이다 · 어떤 일도

3.

우리는 · 할 것이다 · 모든 일을

4.

우리는 · 하지 않을 것이다 · 모든 일을

5.

그들은 · 할 것이다 · 아무것도 (~ 않다)

6.

그들은 · 하지 않을 것이다 · 어떤 일도

7.

그는 · 할 것이다 · 뭔가

8.

그는 · 하지 않을 것이다 · 어떤 일도

9.

그녀는 · 할 것이다 · 아무것도 (~ 않다)

10.

그녀는 · 하지 않을 것이다 · 모든 일을

개념 쏙쏙 부모님이나 선생님, 친구와 역할을 나눠서 읽어 보세요.

❶

이번 시간엔 부사와 형용사로 살을 붙여 봐요. 먼저, 횟수를 나타내는 빈도 부사부터! 빈도 부사란 얼마나 빈번하게 일어나는지를 나타내는 부사예요.

❷
'나는 항상 숙제를 한다.'를 한번 표현해 볼까요? '항상'은 always를 이용해 보세요.

어…, I always do my homework.

빈도 부사	동사
always often never	do does did

빈도 부사는 항상 동사 do 앞에 와요.

❸
이번엔 '그는 절대 집안일을 하지 않는다.'를 해볼까요?

부정문이니까 doesn't를 붙여서 He doesn't never do the housework.

❹
음, never에 이미 '~ 않다'의 의미가 포함돼 있어서 not을 넣을 필요가 없어요.

아~, 그럼, not을 빼고 does는 빈도 부사 뒤로 보내서 He never does the housework.

❺
질문 하나 할게요. 보통 형용사의 위치는 어디였죠?

그야 명사 앞이죠.

형용사 + 명사

❻
Right! 자, 이번엔 별난 부정대명사에 관해 좀 더 배워 봐요. 형용사는 보통 꾸며 주는 말 앞에 오는 게 일반적인데, -thing으로 끝나는 부정대명사는 뒤에서 꾸며 줘야 해요.

-thing + 형용사

❼

그럼, something, everything, nothing 앞에는 형용사를 못 쓰는 거네요?

❽

something good / everything good / nothing good!

That's right! 방금 말한 세 개의 부정대명사에 각각 good을 붙여 말해 볼까요?

부정대명사란 특정한 사람이나 사물이 아니라, 막연한 대상을 가리키는 말이예요.

① 빈도 부사

얼마나 빈번하게 일어나는지 횟수를 나타내는 빈도 부사는 동사 do 앞에 와요.

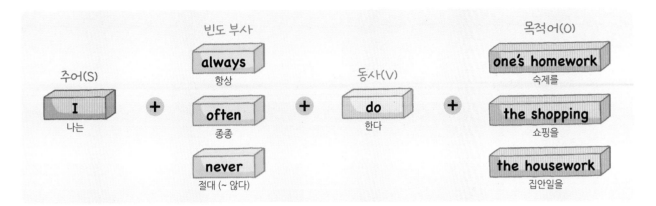

나는 **항상** 숙제를 한다.		I **always** do my homework.	
나는 **종종** 쇼핑을 한다.		I **often** do the shopping.	
나는 **절대** 집안일을 하지 않는다.		I **never** do the housework.	

② something/everything/nothing + 형용사

-thing으로 끝나는 부정대명사를 형용사가 꾸며 줄 땐 뒤에서 꾸며 줘요.

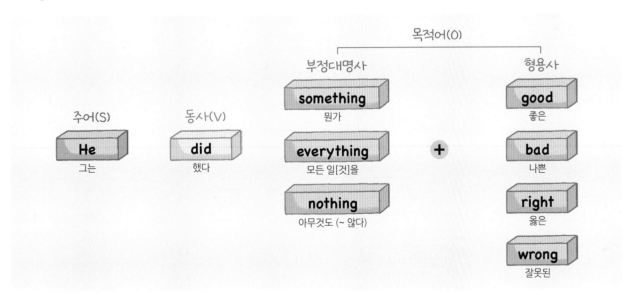

그는 **좋은 일을** 했다.		He did **something good**.	
그는 **모든 것을 올바르게(잘)** 했다.		He did **everything right**.	
그는 **아무 잘못도** 하지 않았다.		He did **nothing wrong**.	

1. 우리는 종종 쇼핑을 했다.

⇨ 　　　　　　　　　　　　　　　　　　　　　　　　　　　　　.

2. 그들은 절대 집안일을 하지 않는다.

⇨ 　　　　　　　　　　　　　　　　　　　　　　　　　　　　　.

3. 나는 항상 숙제를 한다.

⇨ 　　　　　　　　　　　　　　　　　　　　　　　　　　　　　.

4. 그는 항상 숙제를 했다.

⇨ 　　　　　　　　　　　　　　　　　　　　　　　　　　　　　.

5. 그녀는 절대 쇼핑을 하지 않는다.

⇨ 　　　　　　　　　　　　　　　　　　　　　　　　　　　　　.

6. 나의 어머니는 종종 집안일을 했다.

⇨ 　　　　　　　　　　　　　　　　　　　　　　　　　　　　　.

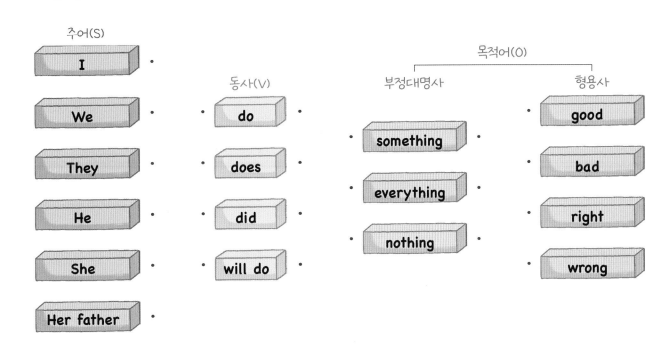

1. 그녀는 모든 옳은 일을 한다(그녀는 모든 것을 올바르게 한다).

   ○

2. 그는 좋은 일을 할 것이다.

   ○

3. 그녀의 아버지는 아무 잘못도 하지 않으셨다.

   ○

4. 나는 옳은 일을 할 것이다.

   ○

5. 그들은 잘못된 모든 일을 한다(제대로 하는 일이 하나도 없다).

   ○

6. 우리는 아무 잘못도 하지 않았다(그들은 나쁜 짓을 하지 않았다).

   ○

개념 쏙쏙 부모님이나 선생님, 친구와 역할을 나눠서 읽어 보세요.

①
민준이 오늘 기분이 안 좋아요? 표정이 시무룩하네요.

숙제가 맨날 있잖아요. 일주일에 한 번은 안 하고 싶다고요!

②
호호호, 그랬군요. 그 말을 영어로 해보면 어떨까요?

'숙제를 하다'는 do one's homework니까… I do every day my homework.

③
음, 잘하긴 했는데, 순서가 한 군데 틀렸어요. every day, every week, once a week처럼 빈도를 나타내는 표현은 문장 뼈대 맨 뒤에 붙여야 해요.

④ 아하! 그럼,
I do my homework every day.

Right!

⑤
every는 '매~, ~마다'의 뜻을 지닌 형용사로, every 뒤에는 day, month, year 등과 같은 시간 명사를 붙여 줄 수 있어요.

every day 매일
every week 매주
every month 매월
every year 매해

⑥
그럼, 하나 더 해볼까요? 아까 일주일에 한 번은 숙제를 안 하고 싶다고 했죠? 이번엔 '나는 일주일에 한 번은 숙제를 하지 않을 것이다.'를 만들어 봐요. '일주일에 한 번'은 once a week 이에요.

⑦
부정문이니까 won't를 붙여서
I won't do my homework once a week.

Perfect!

⑧
근데, 선생님! '일주일에 두 번'은 어떻게 말해요?

아, twice a week이라고 해요. 그리고 세 번부터는 three times 처럼 숫자 뒤에 times를 붙여요.

'일주일에 한 번'은 once a week, '일주일에 두 번'은 twice a week 이라고 하고, 세 번부터는 <숫자 + times>로 표현해요.

⑨
그럼, 저 이렇게 다시 말할래요.
I won't do my homework four times a week.

에이~, 그건 안 되죠!

① 빈도 표현

'일주일에 몇 번' 하고 빈도를 나타내는 표현을 붙일 땐 문장 뼈대 맨 뒤에 붙여요. '일주일에 한 번'은 once a week, '일주일에 두 번'은 twice a week, 그리고 세 번부터는 숫자 뒤에 times를 붙여서 표현해요.

나는 **일주일에 한 번** 숙제를 한다. I do my homework **once a week**.

나는 **일주일에 두 번** 빨래를 한다. I do the laundry **twice a week**.

나는 **일주일에 세 번** 설거지를 한다. I do the dishes **three times a week**.

② every + 시간 명사

이번엔 '매~, ~마다'라는 뜻의 형용사 every 뒤에 시간 또는 요일 명사를 붙인 빈도 표현을 합체해 봐요.

그녀는 **매일** 요리를 한다. She does the cooking **every day**.

그녀는 **매주** 쇼핑을 한다. She does the shopping **every week**.

그녀는 **일요일마다** 머리 손질을 한다. She does her hair **every Sunday**.

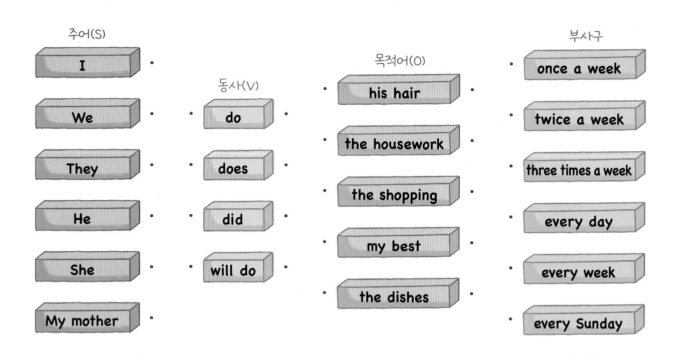

주어(S)

I
We
They
He
She
My mother

동사(V)

do
does
did
will do

목적어(O)

his hair
the housework
the shopping
my best
the dishes

부사구

once a week
twice a week
three times a week
every day
every week
every Sunday

1. 나는 매일 최선을 다한다.

2. 우리는 일주일에 두 번 설거지를 할 것이다.

3. 그들은 매주 쇼핑을 했다.

4. 그는 일주일에 한 번 머리 손질을 한다.

5. 그녀는 일요일마다 쇼핑을 할 것이다.

6. 나의 어머니는 일주일에 세 번 집안일을 하신다.

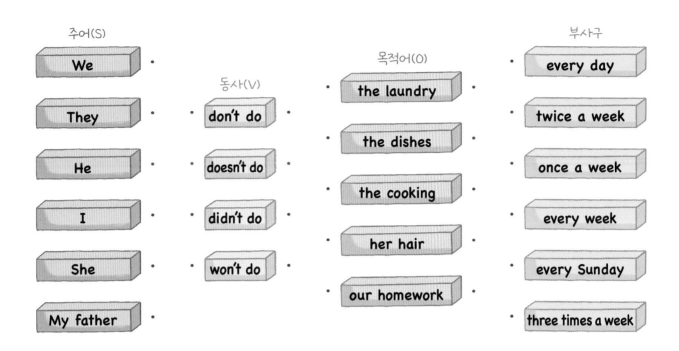

연습 팍팍 ② 우리말에 맞춰 단어 블록들을 연결하고 완성된 문장을 써 보세요.

1. 우리는 일주일에 두 번 숙제를 하지 않는다.

2. 그들은 일주일에 세 번 빨래를 하지 않았다.

3. 그는 일요일마다 설거지를 하지 않는다.

4. 나는 일주일에 한 번 요리를 하지 않았다.

5. 나의 아버지는 매주 설거지를 하지 않으실 것이다.

6. 그녀는 매일 머리를 손질하지 않는다.

슈퍼 문장 만들기

연습 팍팍 문장 뼈대에 살을 붙여가면서 슈퍼 문장을 만들어 보세요.

1) 빈도 부사는 동사 앞에, 빈도를 나타내는 부사구는 문장 뼈대의 맨 뒤에 써 줘요.
2) will do의 경우엔 will과 do 사이에 빈도 부사를 써 줘야 해요.
3) something, everything, nothing처럼 -thing으로 끝나는 부정대명사는 형용사가 그 뒤에서 꾸며 줘요.

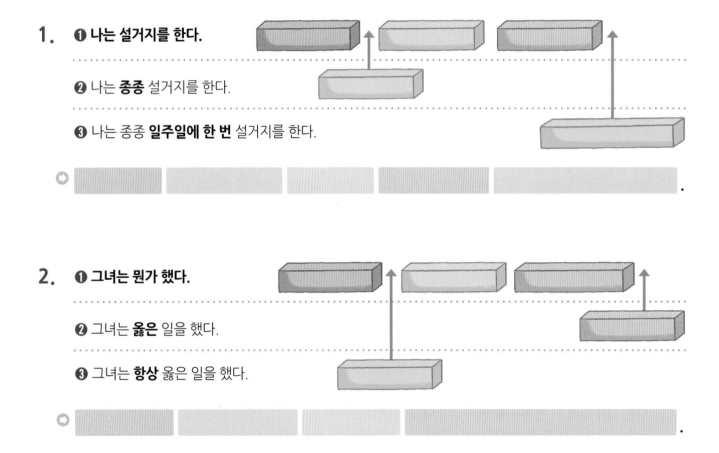

1. ❶ **나는 설거지를 한다.**

   ❷ 나는 **종종** 설거지를 한다.

   ❸ 나는 종종 **일주일에 한 번** 설거지를 한다.

2. ❶ **그녀는 뭔가 했다.**

   ❷ 그녀는 **옳은** 일을 했다.

   ❸ 그녀는 **항상** 옳은 일을 했다.

3. ❶ 나의 어머니는 요리를 하신다.

❷ 나의 어머니는 **절대** 요리를 안 하신다.

❸ 나의 어머니는 **일요일마다** 절대 요리를 안 하신다.

4. ❶ 그들은 쇼핑을 한다.

❷ 그들은 **절대** 쇼핑을 하지 않는다.

❸ 그들은 절대 **일요일마다** 쇼핑을 하지 않는다.

5. ❶ 그는 최선을 다한다.

❷ 그는 **항상** 최선을 다한다.

❸ 그는 항상 **매일** 최선을 다한다.

6. ❶ 우리는 집안일을 했다.

❷ 우리는 **항상** 집안일을 했다.

❸ 우리는 항상 **일주일에서 세 번** 집안일을 했다.

Step 4

의문문 만들기

① Do + 주어 + do + 목적어?

Do는 의문문을 만들기 위해 도와주는 역할을 할 뿐이니 주어 뒤에 꼭 동사 do를 써 줘야 해요.

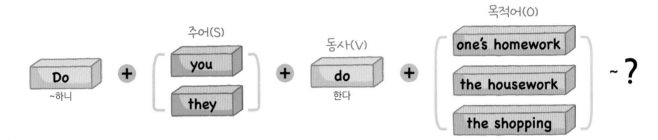

1. 너희들은 종종 집안일을 하니?

⇨ [ ] [ ] [ ] [ ] [ ]?

> No, we don't.

2. 너는 매일 숙제를 하니?

⇨ [ ] [ ] [ ] [ ] [ ]?

> Yes, I do.

3. 그들은 일요일마다 쇼핑을 하나요?

⇨ [ ] [ ] [ ] [ ] [ ]?

> No, they don't.

② Does + 주어 + do + 목적어?

주어가 He, She이거나 단수 명사일 경우에 '~을 하니?, ~을 하나요?'라고 물을 땐 Does를 문장 맨 앞에 쓰면 돼요.

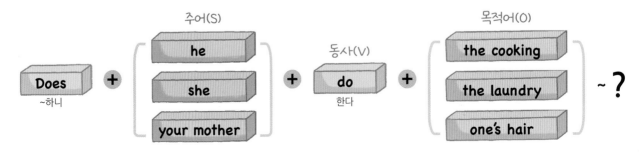

1. 그녀는 항상 일주일에 두 번 빨래를 합니까?

○ [_____] [_____] [_____] [_____] [_____] [_____] ?

Yes, she does.

2. 너의 어머니는 종종 머리 손질을 하시니?

○ [_____] [_____] [_____] [_____] [_____] ?

Yes, she does.

3. 그는 주말마다 요리를 하나요?

○ [_____] [_____] [_____] every weekend ?

No, he doesn't.

❸ Did + 주어 + do + 목적어?

'~을 했니?, ~을 했나요?'라고 물을 땐 주어가 무엇이든 Did를 맨 앞에 써요.

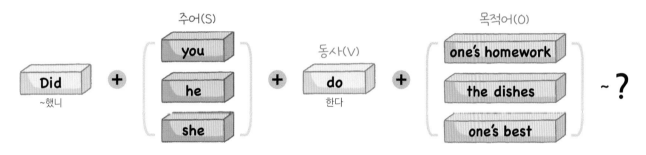

1. 너는 어젯밤에 숙제를 했니?

○ [_____] [_____] last night ?

No, I didn't.

2. 그는 일요일마다 설거지를 했니?

○ [_____] [_____] [_____] ?

Yes, he did.

3. 그녀는 항상 최선을 다했습니까?

○ [_____] [_____] [_____] ?

Yes, she did.

④ What + do/does/did/will + 주어 + 동사?

'무엇을 하는지/했는지/할 건지'를 물을 땐 의문사 What을 이용해요. 이때 What은 목적어를 묻는 말이에요.

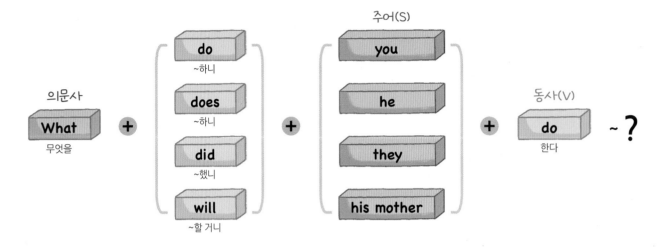

1. 당신은 무슨 일을 하십니까(직업이 무엇입니까)?

⇨ [   ] [   ] [   ] [   ] ?

I teach English.

2. 그는 무슨 일을 하니(직업이 무엇이니)?

⇨ [   ] [   ] [   ] [   ] ?

He is a teacher.

3. 그들은 어제 무엇을 했나요?

⇨ [   ] [   ] [   ] [   ] yesterday ?

They did the shopping.

4. 그의 어머니는 그를 위해 무엇을 하실 거니?

⇨ [   ] [   ] [   ] [   ] for him ?

She will do the cooking.

동사 enjoy를 이용하여 문장을 만들어 보세요.

즐긴다	enjoy
	enjoys
즐겼다	enjoyed
즐길 것이다	will enjoy

'~하는 것을 즐기다'라고 할 때 <enjoy + 동사 -ing> 형태를 써요.

긍정문

1. 나는 종종 쇼핑하는 것을 즐긴다.
   ○ ⬜⬜⬜ ⬜⬜⬜ ⬜⬜⬜ doing the shopping .

2. 나의 아버지는 집안일 하는 것을 즐기셨다.
   ○ ⬜⬜⬜ ⬜⬜⬜ ⬜⬜⬜ .

3. 우리는 일요일마다 요리하는 것을 즐겼다.
   ○ ⬜⬜ ⬜⬜ ⬜⬜ ⬜⬜ .

4. 그는 매주 최선을 다하는 것을 즐길 것이다.
   ○ ⬜⬜ ⬜⬜ ⬜⬜ .

5. 우리 어머니는 절대 설거지하는 것을 즐기지 않으신다.
   ○ ⬜⬜ ⬜⬜ ⬜⬜ .

6. 그녀는 자신이 직접 머리 손질하는 것을 즐긴다.
   ○ ⬜⬜ ⬜⬜ ⬜⬜ herself .

즐기지 않는다	don't enjoy
	doesn't enjoy
즐기지 않았다	didn't enjoy
즐기지 않을 것이다	won't enjoy

부정문

1. 나는 숙제하는 것을 즐기지 않는다.

▷ 　　　　　　　　　　　　　　　　　　　　　　　　　　　　.

2. 그는 요리하는 것을 즐기지 않는다.

▷ 　　　　　　　　　　　　　　　　　　　　　　　　　　　　.

3. 그들은 설거지하는 것을 즐기지 않았다.

▷ 　　　　　　　　　　　　　　　　　　　　　　　　　　　　.

4. 그녀는 매일 집안일 하는 것을 즐기지 않을 것이다.

▷ 　　　　　　　　　　　　　　　　　　　　　　　　　　　　.

5. 나는 매주 쇼핑하는 것을 즐기지 않는다.

▷ 　　　　　　　　　　　　　　　　　　　　　　　　　　　　.

6. 우리는 일주일에 두 번 빨래하는 것을 즐기지 않았다.

▷ 　　　　　　　　　　　　　　　　　　　　　　　　　　　　.

즐기니?	Do ~ enjoy?
	Does ~ enjoy?
즐겼니?	Did ~ enjoy?
무엇을 즐기니[즐겼니]?	what do[does/did] ~ enjoy?

의문문

1. 그는 숙제하는 것을 즐겼나요?

   ○ [   ] [   ] [   ] [   ] ?

2. 너희들은 매주 무엇을 즐기니?

   ○ [   ] [   ] [   ] [   ] [   ] ?

3. 그들은 무엇을 가장 즐겼나요?

   ○ [   ] [   ] [   ] [   ] the most ?

4. 그는 일요일마다 무엇을 즐기나요?

   ○ [   ] [   ] [   ] [   ] [   ] ?

5. 당신은 매일 머리 손질하는 것을 즐기나요?

   ○ [   ] [   ] [   ] [   ] [   ] ?

6. 그녀는 항상 요리하는 것을 즐기나요?

   ○ [   ] [   ] [   ] [   ] ?

REVIEW TEST

A. 우리말 뜻에 알맞게 동사 do와 enjoy를 이용하여 빈칸을 채우세요.

1.

한다	하지 않는다	~을 하니?
_____ / does	_____ /doesn't do	Do/ _____ ~ do?
했다	하지 않았다	~을 했니?
_____	_____ do	Did ~ _____ ?
할 것이다	하지 않을 것이다	무엇을 하니[했니]?
will _____	_____ do	What do/does/did ~ _____ ?

2.

즐긴다	즐기지 않는다	즐기니?
enjoy / _____	don't/ _____ enjoy	_____ /Does ~ enjoy?
즐겼다	즐기지 않았다	즐겼니?
_____	_____	Did ~ _____ ?
즐길 것이다	즐기지 않을 것이다	무엇을 즐기니[즐겼니]?
_____ enjoy	_____	What do/does/did ~ _____ ?

B. 주어진 단어를 순서대로 배열해 보세요.

> 문장의 첫 글자는 대문자로 쓰고, 문장 끝에 문장 부호를 쓰세요.

3. often | she | shopping | the | does

4. my | do | I | every | homework | day

5. housework | never | do | they | the

6. enjoyed | the | we | doing | cooking

C. 주어진 문장을 지시대로 바꾸어 쓰세요.

7. We did our best.

   의문문 ▸

8. I do the housework twice a week.

   부정문 ▸

9. She doesn't do the dishes once a week.

   긍정문 ▸

10. You enjoy doing the shopping every week.

    의문문 ▸

D. 주어진 단어들을 이용하여 우리말에 맞게 문장을 완성해 보세요.

11. 그녀는 종종 옳은 일을 한다. .... something | right

    ▸

12. 그는 절대 아무것도 안 하니? .... never | anything

    ▸

13. 너는 일요일마다 무엇을 즐기니? .... every

    ▸

맞힌 개수 : /**13** 개

재료 준비하기 본 학습에 들어가기 전에 다음 단어들을 꼭 기억해 두세요.

명사

- ✔ coat 외투
- ◯ jacket 재킷
- ◯ uniform 유니폼, 교복, 제복
- ◯ hat 모자
- ◯ tie 넥타이
- ◯ watch 시계

- 항상 복수형으로 쓰는 명사 -

- ◯ jeans 청바지, 면바지
- ◯ shoes 신발
- ◯ socks 양말
- ◯ glasses 안경

명사/형용사

- ◯ red 빨간색(의)
- ◯ black 검정색(의)
- ◯ white 흰색(의)

wear

단어 & 문장 듣기

형용사

- ○ fancy 화려한
- ○ colorful 알록달록한
- ○ expensive 비싼
- ○ striped 줄무늬의

빈도 부사

- ○ always 항상
- ○ often 종종
- ○ sometimes 가끔
- ○ never 절대 (~ 않다)

Step 1

문장의 뼈대 만들기 I wear와 don't wear

개념 쏙쏙 부모님이나 선생님, 친구와 역할을 나눠서 읽어 보세요.

오늘부턴 목적어를 필요로 하는 동사 시리즈 4탄 wear를 공부해 볼까요? wear는 '입다, 입고 입다'란 뜻의 동사예요. ❶

어, 근데, put on도 '입다'란 뜻이던데요?

맞아요. 근데, wear는 입고 있는 '상태'를 나타내고, put on은 입는 '동작'을 나타내는 동사예요. 즉 이미 옷을 입은 상태를 표현할 땐 wear를, 옷을 입고 있는 동작을 표현할 땐 put on을 써요. ❷

wear의 문장 뼈대는 어떻게 될까요? ❸

뭐, 목적어가 필요한 동사니까 <주어 + wear + 목적어>가 되겠죠.

주어 + wear + 목적어

Great! '나는 외투를 입는다.'를 말해 볼까요? ❹

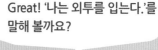

I wear a coat.

이번엔 '그들은 외투를 입는다.'를 말해 봐요. ❺

에이~, 주어만 바꾸면 되잖아요. They wear a coat! ❻

음, 그렇게 말할 줄 알았어요.

한번 상상해 봐요. 여러 사람이 외투 하나를 같이 입고 있을 수 있나요? 아니죠? 여러 명이 외투를 입으려면 외투도 여러 개가 있어야겠죠? ❼

아~, They wear coats. 라고 해야겠네요.

That's right! 동사 wear는 주어와 목적어의 '수'를 맞춰 줘야 해요. 이제 마지막 문제! '그들은 외투를 입지 않는다.'는 어떻게 표현할까요? ❽

부정문이니까 don't의 도움을 받아서 They don't wear coats.

Wonderful! ❾

동사 wear는 주어가 복수면 목적어도 복수형으로 맞춘다는 거, 잊지 마세요!

108 기적의 영어문장 만들기 ❸권

① wear 입는다[입고 있다]

주어가 I, You, We, They이거나 복수 명사일 경우엔 동사원형 그대로 써요. 목적어를 쓸 때 주의할 점은, 여러 명이 옷 하나를 같이 입을 수는 없으니까 주어가 복수일 땐 목적어도 복수형으로 써야 해요.

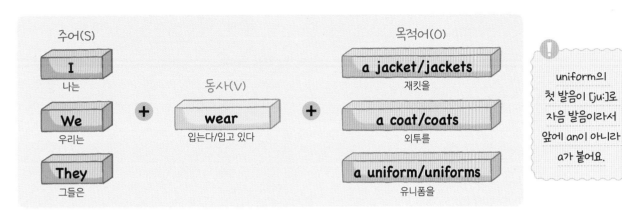

! uniform의 첫 발음이 [ju:]로 자음 발음이라서 앞에 an이 아니라 a가 붙어요.

나는 재킷을 **입고 있다**.	I **wear** a jacket.
우리는 외투를 **입는다**.	We **wear** coats.
그들은 유니폼을 **입는다**.	They **wear** uniforms.

② don't wear 입지 않는다

'입지 않는다'라고 할 땐 don't wear를 합체해요.

나는 재킷을 **입지 않는다**.	I **don't wear** a jacket.
우리는 외투를 **입지 않는다**.	We **don't wear** coats.
그들은 유니폼을 **입지 않는다**.	They **don't wear** uniforms.

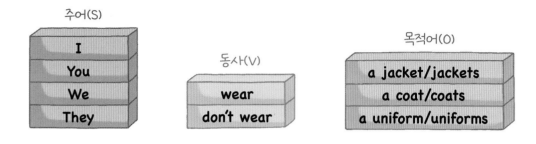

주어(S)

I
You
We
They

동사(V)

wear
don't wear

목적어(O)

a jacket/jackets
a coat/coats
a uniform/uniforms

1. _____ _____ _____ .
   나는   입는다   재킷을

2. _____ _____ _____ .
   나는   입지 않는다   유니폼을

3. _____ _____ _____ .
   너는   입는다   외투를

4. _____ _____ _____ .
   너희들은   입지 않는다   유니폼을

5. _____ _____ _____ .
   우리는   입는다   외투를

6. _____ _____ _____ .
   우리는   입지 않는다   재킷을

7. _____ _____ _____ .
   그들은   입는다   외투를

8. _____ _____ _____ .
   그들은   입지 않는다   유니폼을

Step 1

문장의 뼈대 만들기

Ⅱ wears와 doesn't wear

개념 쏙쏙 부모님이나 선생님, 친구와 역할을 나눠서 읽어 보세요.

① 오늘은 He, She, The man과 같은 단수 주어로 문장 뼈대를 만들어 봐요.

단수형으로 써야 하니까 〈주어 + wears + 목적어〉가 돼야죠?

주어 + wears + 목적어

② Very good! '그녀는 양말을 신는다.'는 어떻게 말할까요?

'양말을 신는다'요? 오늘 공부할 동사는 '입다'라는 뜻의 wear잖아요.

③ 맞아요. wear는 뒤에 오는 목적어에 따라 '입다', '신다', '쓰다' 등 여러 의미로 해석할 수 있어요.

아, 그럼, '양말을 신다', '안경을 쓰다'라고 할 때도 wear를 쓰면 되겠네요?

wear 뒤에는 jeans, shoes, glasses, hat 등 몸에 착용하는 거면 무엇이든 목적어로 올 수 있어요.

④ That's right! 자, 이제 아까 질문한 문장을 한번 말해 볼까요?

She wears a sock.

⑤ 엥? 양말을 한 짝만 신나요?

어…, 아니요. 근데, 주어가 단수면 목적어도 단수여야 하니까 맞는 거 아니에요?

⑥ 이런, 주어와 목적어의 수를 맞추라고 해서 헷갈렸군요. 양말, 안경, 신발처럼 쌍으로 이루어진 것들은 socks, glasses, shoes처럼 항상 복수형으로 써요. a sock이라고 하면 양말 한 짝만 말하는 건데 한 짝만 신을 수는 없잖아요.

⑦ 아하! 그럼, She wears socks.

Perfect! 그럼 '그는 안경을 쓴다.'는 어떻게 말할까요?

⑧ He wears glasses.

Great! 이번엔 '그녀는 양말을 신지 않는다.'를 말해 봐요.

⑨ '신지 않는다'니까 doesn't의 도움을 받아서 She doesn't wear socks.

네 번째 동사 wear **111**

1 wears 입는다

주어가 단수 명사일 경우엔 동사 끝에 -s를 붙인 wears를 써요. 동사 wear는 뒤에 오는 목적어에 따라
'입다, 신다, 쓰다' 등 여러 의미로 해석해요.

그는 청바지를 **입는다**.   He **wears** jeans.

그 남자는 양말을 **신는다**.   The man **wears** socks.

그 여자는 안경을 **쓴다**.   The woman **wears** glasses.

2 doesn't wear 입지 않는다

'입지 않는다'라고 할 땐 doesn't를 합체해요.

그녀는 청바지를 **입지 않는다**.   She **doesn't wear** jeans.

그 남자는 양말을 **신지 않는다**.   The man **doesn't wear** socks.

그 여자는 안경을 **쓰지 않는다**.   The woman **doesn't wear** glasses.

> jeans, socks, glasses처럼 쌍으로 이루어진 것들은 항상 복수형으로 써요.

각각의 블록을 합체하여 문장을 만들어 보세요.

주어(S) | 동사(V) | 목적어(O)

He / She / The man / The woman

wears / doesn't wear

jeans / socks / glasses

1.

　　　　　　　　　　　　　　　　　　　　　　　　.
그는　　　　　　　　입는다　　　　　　　청바지를

2.

　　　　　　　　　　　　　　　　　　　　　　　　.
그는　　　　　　쓰지 않는다　　　　　　안경을

3.

　　　　　　　　　　　　　　　　　　　　　　　　.
그녀는　　　　　　신는다　　　　　　　양말을

4.

　　　　　　　　　　　　　　　　　　　　　　　　.
그녀는　　　　　입지 않는다　　　　　청바지를

5.

　　　　　　　　　　　　　　　　　　　　　　　　.
그 남자는　　　　　쓴다　　　　　　　안경을

6.

　　　　　　　　　　　　　　　　　　　　　　　　.
그 남자는　　　신지 않는다　　　　　양말을

7.

　　　　　　　　　　　　　　　　　　　　　　　　.
그 여자는　　　　　입는다　　　　　　청바지를

8.

　　　　　　　　　　　　　　　　　　　　　　　　.
그 여자는　　　쓰지 않는다　　　　　안경을

Step 1
문장의 뼈대 만들기 — III wore와 didn't wear

개념 쏙쏙 부모님이나 선생님, 친구와 역할을 나눠서 읽어 보세요.

① 이번 시간엔 wear의 과거형인 wore를 공부할 거예요.

wear는 '입다', '신다', '쓰다' 등 여러 가지 뜻으로 해석할 수 있다고 하셨죠?

② 맞아요. wear 뒤에 오는 목적어에 어울리는 말로 해석해 주면 돼요.

근데, wore도 did, had, made처럼 과거형이 불규칙한 모양이네요.

- do – did
- have – had
- make – made
- wear – wore

③ 그래요. 그럼, 동사 wore의 문장 뼈대부터 만들어 볼까요?

wore도 당연히 목적어가 필요하니까 <주어 + wore + 목적어>겠죠.

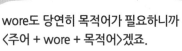

주어 + wore + 목적어

④ '흰색 옷'은 white clothes라고 하면 돼요?

Good! '그들은 흰색 옷을 입었다.'를 말해 보세요.

⑤ 음, 그렇게 해도 좋지만, 줄여서 white라고만 해줘도 '흰색 옷'이라는 의미를 나타낼 수 있어요.

와~, 간단해서 좋네요. 그럼, They wore white.

⑥ That's it! 이번엔 '그들은 검정색 옷을 입었다.'를 말해 봐요.

'검정색 옷'도 짧게 black이라고 하면 되겠죠? They wore black.

⑦ Very good! 반대로, '그들은 검정색 옷을 입지 않았다.'는 어떻게 표현할까요?

⑧ '입지 않았다'니까 didn't를 붙여서 They didn't wears black. 앗, 아니지! didn't 뒤에는 동사원형을 써야 하니까 They didn't wear black.

Wonderful!

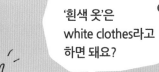

① wore 입었다

'입었다'라고 할 땐 주어가 무엇이든 wore를 쓰면 돼요.

나는 빨간색 옷을 **입었다**.	I **wore** red.
우리는 검정색 옷을 **입었다**.	We **wore** black.
그들은 흰색 옷을 **입었다**.	They **wore** white.

② didn't wear 입지 않았다

'입지 않았다'라고 할 땐 didn't wear를 합체해요.

그녀는 빨간색 옷을 **입지 않았다**.	She **didn't wear** red.
그 남자는 검정색 옷을 **입지 않았다**.	The man **didn't wear** black.
그 여자는 흰색 옷을 **입지 않았다**.	The woman **didn't wear** white.

주어(S)

I
We
They
She
The man
The woman

동사(V)

wore
didn't wear

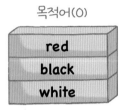

목적어(O)

red
black
white

연습 팍팍 · 각각의 블록을 합체하여 문장을 만들어 보세요.

1. _____ _____ _____ .
　　나는　　　　　　　　　　입었다　　　　　　　　　빨간색 옷을

2. _____ _____ _____ .
　　우리는　　　　　　　　　입지 않았다　　　　　　　검정색 옷을

3. _____ _____ _____ .
　　그들은　　　　　　　　　입었다　　　　　　　　　흰색 옷을

4. _____ _____ _____ .
　　그녀는　　　　　　　　　입지 않았다　　　　　　　흰색 옷을

5. _____ _____ _____ .
　　그 남자는　　　　　　　　입었다　　　　　　　　　검정색 옷을

6. _____ _____ _____ .
　　그 여자는　　　　　　　　입지 않았다　　　　　　　빨간색 옷을

7. _____ _____ _____ .
　　나는　　　　　　　　　　입었다　　　　　　　　　검정색 옷을

8. _____ _____ _____ .
　　그들은　　　　　　　　　입지 않았다　　　　　　　빨간색 옷을

9. _____ _____ _____ .
　　그 남자는　　　　　　　　입었다　　　　　　　　　흰색 옷을

문장의 뼈대 만들기   Ⅳ will wear와 won't wear

개념 쏙쏙 부모님이나 선생님, 친구와 역할을 나눠서 읽어 보세요.

❶ 오늘은 민준이가 가장 좋아하는 미래로 가 볼까요?

네~!

❷ wear의 미래 형태인 will wear를 공부해 봐요.

will wear는 '입을 것이다'란 뜻이죠?

❸ Right! 그럼, will wear의 문장 뼈대도 말해 볼래요?

문제 없어요! <주어 + will wear + 목적어>요.

주어 + will wear + 목적어

❹ Very good! 이제 문장을 만들어 볼까요? '그는 넥타이를 맬 것이다.'를 말해 봐요.

'넥타이'는 necktie 라고 하면 되죠?

❺ 간단히 tie라고 표현해요.

아하! 그럼, He will wear a tie.

❻ Wonderful! 자, 그럼, 이번엔 '그 여자들은 시계를 차지 않을 것이다.'를 말해 볼까요?

시계를 '찬다'고 할 때도 wear를 써요?

❼ 그럼요! 몸에 착용하는 것은 모두 wear로 표현할 수 있어요. 단, 우리말로 할 땐 목적어에 어울리는 의미로 해석해 줘야죠.

그럼, The women won't wear a watch.라고 하면 되는 거죠?

❽ 여러 사람이 시계 하나를 동시에 찰 수 있을까요?

❾ 아, 맞다! 주어가 복수니까 목적어도 복수가 돼야죠? The women won't wear watches.

Great!

동사 wear는 주어와 목적어의 수를 맞춰요.

네 번째 동사 wear   **117**

정리착착 단어 블록을 합체하여 문장 구조를 정리해 보세요.

1 will wear 입을 것이다

wear의 미래형은 주어에 상관없이 will wear를 써요. 기본 의미는 '입을 것이다'이지만 뒤에 오는 목적어에 따라 '쓸 것이다, 맬 것이다, 찰 것이다' 등의 여러 의미로 해석할 수 있어요.

그는 모자를 **쓸 것이다**.	He **will wear** a hat.	
그 남자는 넥타이를 **맬 것이다**.	The man **will wear** a tie.	
그 여자는 시계를 **찰 것이다**.	The woman **will wear** a watch.	

2 won't wear 입지 않을 것이다

'입지 않을 것이다'라고 할 땐 will not을 줄인 won't를 붙여서 won't wear로 표현해요.

그들은 모자를 **쓰지 않을 것이다**.	They **won't wear** hats.
그 남자들은 넥타이를 **매지 않을 것이다**.	The men **won't wear** ties.
그 여자들은 시계를 **차지 않을 것이다**.	The women **won't wear** watches.

주어(S)

He
The man
The woman
They
The men
The women

동사(V)

will wear
won't wear

목적어(O)

a hat
a tie
a watch
hats
ties
watches

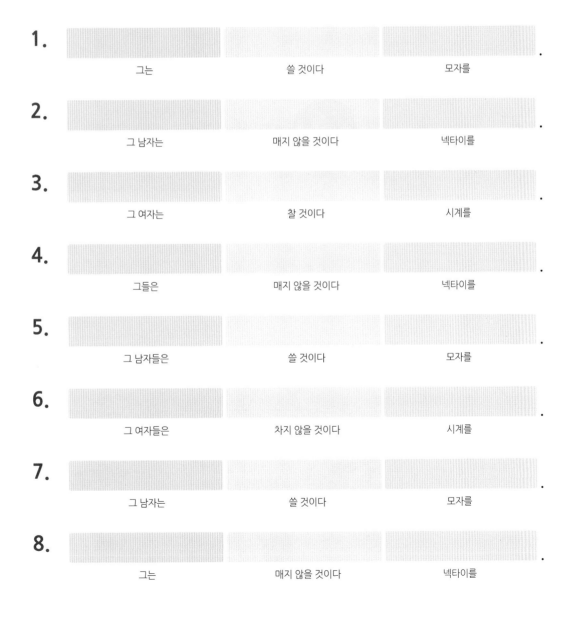

1.

그는　　　　　　쓸 것이다　　　　　　모자를

2.

그 남자는　　　　매지 않을 것이다　　　넥타이를

3.

그 여자는　　　　찰 것이다　　　　　　시계를

4.

그들은　　　　　매지 않을 것이다　　　넥타이를

5.

그 남자들은　　　쓸 것이다　　　　　　모자를

6.

그 여자들은　　　차지 않을 것이다　　　시계를

7.

그 남자는　　　　쓸 것이다　　　　　　모자를

8.

그는　　　　　　매지 않을 것이다　　　넥타이를

Step 2

문장에 살 붙이기 Ⅰ 형용사

개념 쏙쏙 부모님이나 선생님, 친구와 역할을 나눠서 읽어 보세요.

①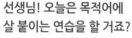
선생님! 오늘은 목적어에 살 붙이는 연습을 할 거죠?

맞아요. 목적어를 꾸며 주는 형용사들을 하나씩 연습해 볼 거예요.

②
<관사 + 형용사 + 명사> 순서로 붙이면 되죠?

Great! 단, 복수 명사일 땐 관사가 필요 없어요.

- a/an + 형용사 + 단수 명사
- 형용사 + 복수 명사

③
우선, 색을 나타내는 표현 부터! '검정색 청바지'는 어떻게 말하면 될까요?

청바지는 쌍을 이루는 거니까 복수형으로 써서 black jeans라고 하면 되겠죠?

④
Good job! 이번엔 colorful이라는 형용사예요. '화려한 색의, 알록달록한, 형형색색의'라는 뜻을 가지고 있죠.

그럼, '알록달록한 양말'은 colorful socks.

socks, jeans, glasses, shoes처럼 쌍으로 이루어진 것들은 항상 복수형으로 써 줘야 해요.

⑤
Well done! '화려한'이란 뜻의 형용사 fancy도 있어요. '화려한 안경'을 말해 볼까요?

fancy glasses!

⑥
Good! 이번엔 형용사 expensive를 이용해서 '비싼 시계'를 말해 봐요.

a expensive watch!

첫소리가 모음으로 시작하는 형용사 + 명사는 앞에 a 대신 an을 붙여요.

⑦
expensive는 첫소리가 모음인데….

앗! a가 아니고 an이죠? an expensive watch!

⑧
Perfect! 만일 시계가 여러 개라면 어떻게 표현할까요?

음, 여러 개니까 expensive watches.

정리착착 단어 블록을 합체하여 문장 구조를 정리해 보세요.

① a/an + 형용사 + 단수 명사

형용사는 꾸며 주는 명사 앞에 붙여야 해요. 그리고 첫소리가 모음인 형용사 앞에는 an을 써요.

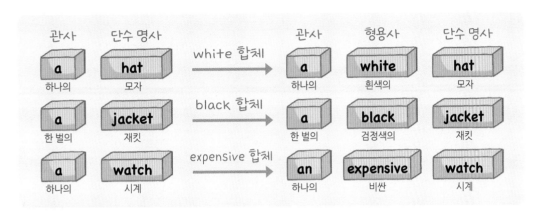

나는 **흰색 모자를** 쓰고 있다.	I wear **a white hat**.
그 남자는 **비싼 시계를** 찰 것이다.	The man will wear **an expensive watch**.

② 형용사 + 복수 명사

이번엔 복수 명사 앞에 형용사를 붙여 봐요. 명사가 복수형이기 때문에 형용사 앞에 a/an은 쓰지 않아요.

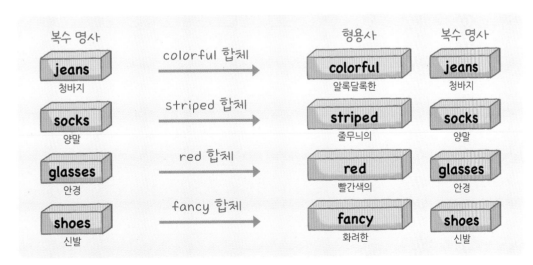

우리는 **줄무늬 양말을** 신었다.	We wore **striped socks**.
그는 **빨간색 안경을** 쓰고 있다.	He wears **red glasses**.
그는 **화려한 신발을** 신고 있다.	He wears **fancy shoes**.

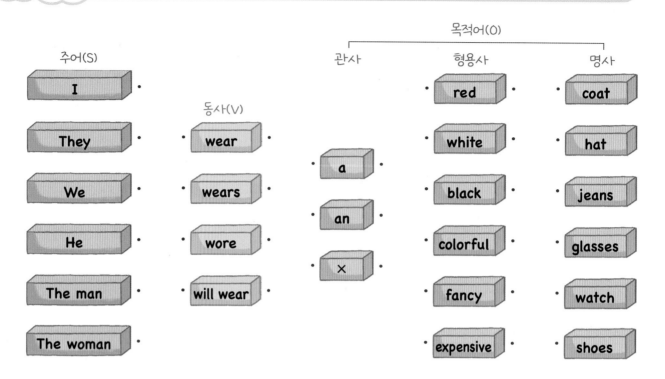

1. 우리는 검정색 청바지를 입었다.

    ◯   ＿＿＿＿＿＿＿＿＿＿＿＿＿＿＿＿＿＿＿＿＿＿＿＿＿＿＿＿ .

2. 그들은 화려한 안경을 쓸 것이다.

    ◯   ＿＿＿＿＿＿＿＿＿＿＿＿＿＿＿＿＿＿＿＿＿＿＿＿＿＿＿＿ .

3. 나는 빨간색 외투를 입고 있다.

    ◯   ＿＿＿＿＿＿＿＿＿＿＿＿＿＿＿＿＿＿＿＿＿＿＿＿＿＿＿＿ .

4. 그는 비싼 모자를 쓴다.

    ◯   ＿＿＿＿＿＿＿＿＿＿＿＿＿＿＿＿＿＿＿＿＿＿＿＿＿＿＿＿ .

5. 그 여자는 흰색 구두를 신을 것이다.

    ◯   ＿＿＿＿＿＿＿＿＿＿＿＿＿＿＿＿＿＿＿＿＿＿＿＿＿＿＿＿ .

6. 그 남자는 알록달록한 시계를 찼다.

    ◯   ＿＿＿＿＿＿＿＿＿＿＿＿＿＿＿＿＿＿＿＿＿＿＿＿＿＿＿＿ .

연습팍팍^② 우리말에 맞춰 단어 블록들을 연결하고 완성된 문장을 써 보세요.

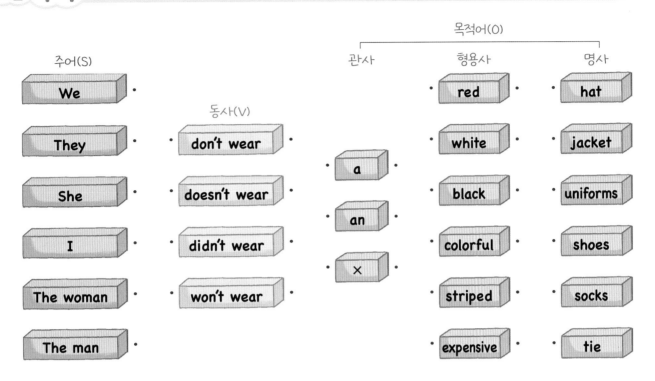

1. 우리는 흰색 유니폼을 입지 않았다.

   ◎ _____ _____ _____ .

2. 그들은 줄무늬 양말을 신지 않을 것이다.

   ◎ _____ _____ _____ .

3. 그녀는 검정색 신발을 신지 않는다.

   ◎ _____ _____ _____ .

4. 나는 알록달록한 넥타이를 매지 않는다.

   ◎ _____ _____ _____ .

5. 그 여자는 비싼 재킷을 입지 않았다.

   ◎ _____ _____ _____ .

6. 그 남자는 빨간색 모자를 쓰지 않을 것이다.

   ◎ _____ _____ _____ .

개념 쏙쏙 부모님이나 선생님, 친구와 역할을 나눠서 읽어 보세요.

❶
선생님은 항상 치마만 입으시네요.

오늘은 그런 표현을 영어로 옮겨 볼까요?

❷
우선, 빈도 부사부터 복습해 봐요. 빈도 부사가 뭐였죠?

횟수를 나타 내는 부사요!

❸
That's great! 그럼, 빈도 부사의 위치는 어떻게 됐었죠?

동사 앞에 붙였어요.

❹
Good! 좀 더 구체적으로 정리하면, make, wear와 같은 일반 동사의 경우엔 동사 앞에, be동사나 will, didn't 등과 같은 조동사의 경우엔 그 뒤에 붙여요.

빈도 부사의 위치
- 일반 동사 앞
- be동사나 조동사 뒤

❺
'나는 항상 청바지를 입는다.'를 말해 볼까요? '항상'은 always를 이용해 보세요.

wear는 일반 동사니까 always를 동사 앞에! I always wear jeans.

❻
Very good! 이번엔, '나는 항상 청바지를 입을 것이다.'를 말해 볼까요?

조동사가 있을 땐 빈도 부사를 조동사 뒤에 붙여야 하니까 I will always wear jeans.

❼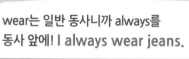
Wonderful! '그녀는 절대 모자를 쓰지 않을 것이다.'는 어떻게 표현하면 될까요?

조동사 뒤에 빈도 부사가 와야 하니까 She won't never wear a hat!

❽
에이, 조금만 더 생각해 봐요. never에는 '절대 (~ 않다)'라는 부정의 의미가 포함되어 있기 때문에 not과 함께 쓰지 않아요.

아, 기억 나요. 그럼, not을 빼고 She will never wear a hat.

❾
Excellent! 빈도 부사의 위치를 다시 말해 볼까요?

일반 동사 앞, be동사나 조동사 뒤에 와요!

정리 착착 단어 블록을 합체하여 문장 구조를 정리해 보세요.

① 빈도 부사 + wear

빈도 부사는 얼마나 빈번하게 일어나는지를 나타내는 부사예요. 일반 동사를 꾸며 줄 땐 동사 앞에 붙여요.

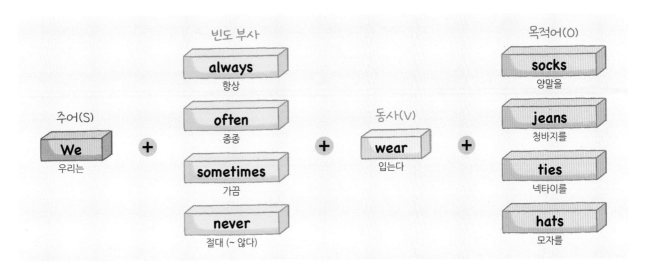

우리는 **항상** 양말을 신는다.	We **always** wear socks.	
우리는 **가끔** 모자를 쓴다.	We **sometimes** wear hats.	
우리는 **절대** 넥타이를 매지 않는다.	We **never** wear ties.	

② will + 빈도 부사 + wear

will, don't, didn't, won't 등과 같은 조동사가 있을 땐 조동사 뒤에 빈도 부사를 붙여요.

그는 **종종** 청바지를 입을 것이다.	He will **often** wear jeans.
그는 **절대** 모자를 쓰지 않을 것이다.	He will **never** wear a hat.

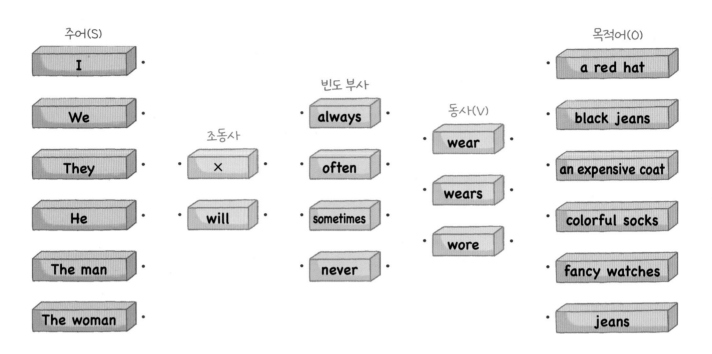

주어(S) | 빈도 부사 | 조동사 | 동사(V) | 목적어(O)
I / We / They / He / The man / The woman
× / will
always / often / sometimes / never
wear / wears / wore
a red hat / black jeans / an expensive coat / colorful socks / fancy watches / jeans

1. 나는 항상 검정색 청바지를 입는다.
   ⟳   .

2. 우리는 가끔 알록달록한 양말을 신는다.
   ⟳   .

3. 그들은 종종 화려한 시계를 찼다.
   ⟳   .

4. 그 여자는 항상 빨간색 모자를 쓴다.
   ⟳   .

5. 그는 절대 비싼 외투를 입지 않을 것이다.
   ⟳   .

6. 그 남자는 항상 청바지를 입었다.
   ⟳   .

연습 팍팍 ❷ 우리말에 맞춰 단어 블록들을 연결하고 완성된 문장을 써 보세요.

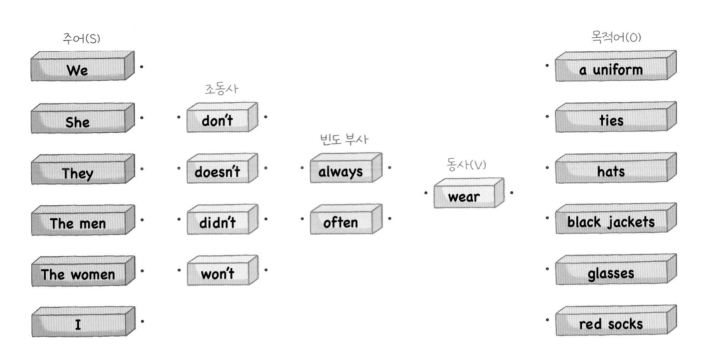

1. 우리는 항상 빨간색 양말은 신지 않는다.

2. 그녀는 종종 안경을 쓰지 않는다.

3. 그들은 항상 넥타이를 매지 않을 것이다.

4. 나는 종종 유니폼을 입지 않았다.

5. 그 남자들은 항상 검정색 재킷을 입지 않는다.

6. 그 여자들은 종종 모자를 쓰지 않았다.

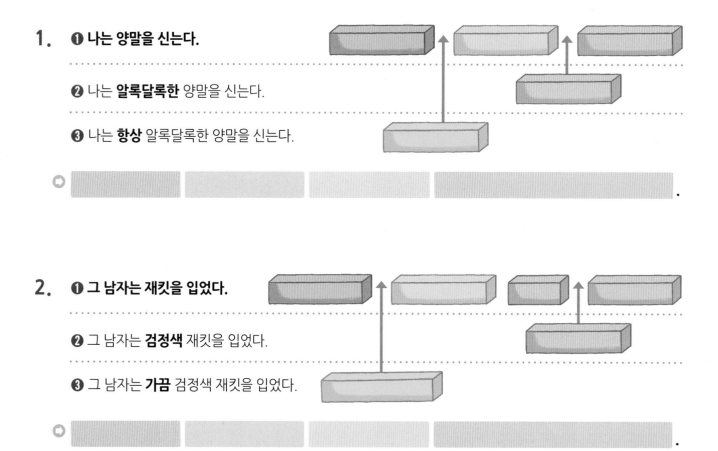

Step 3

슈퍼 문장 만들기

연습 팍팍 문장 뼈대에 살을 붙여가면서 슈퍼 문장을 만들어 보세요.

1) 명사에 살을 붙일 땐 〈a/an + 형용사 + 명사〉의 순서로 써요.
2) 형용사를 둘 이상 붙일 때, 보통 〈성질/상태 + 크기 + 모양 + … + 색깔〉의 순서로 써요.
3) 빈도 부사는 일반 동사 앞, be동사나 조동사 뒤에 붙여요.

1. ❶ 나는 양말을 신는다.

    ❷ 나는 **알록달록한** 양말을 신는다.

    ❸ 나는 **항상** 알록달록한 양말을 신는다.

2. ❶ 그 남자는 재킷을 입었다.

    ❷ 그 남자는 **검정색** 재킷을 입었다.

    ❸ 그 남자는 **가끔** 검정색 재킷을 입었다.

3. ❶ 그녀는 시계를 찬다.

❷ 그녀는 **비싼** 시계를 찬다.

❸ 그녀는 **절대** 비싼 시계를 차지 않는다.

.

4. ❶ 그 여자들은 모자를 쓸 것이다.

❷ 그 여자들은 **빨간색** 모자를 쓸 것이다.

❸ 그 여자들은 **화려한** 빨간색 모자를 쓸 것이다.

.

5. ❶ 그들은 청바지를 입었다.

❷ 그들은 **검정색** 청바지를 입었다.

❸ 그들은 **종종** 검정색 청바지를 입었다.

.

6. ❶ 우리는 유니폼을 입는다.

❷ 우리는 **흰색** 유니폼을 입는다.

❸ 우리는 **항상** 흰색 유니폼을 입는다.

.

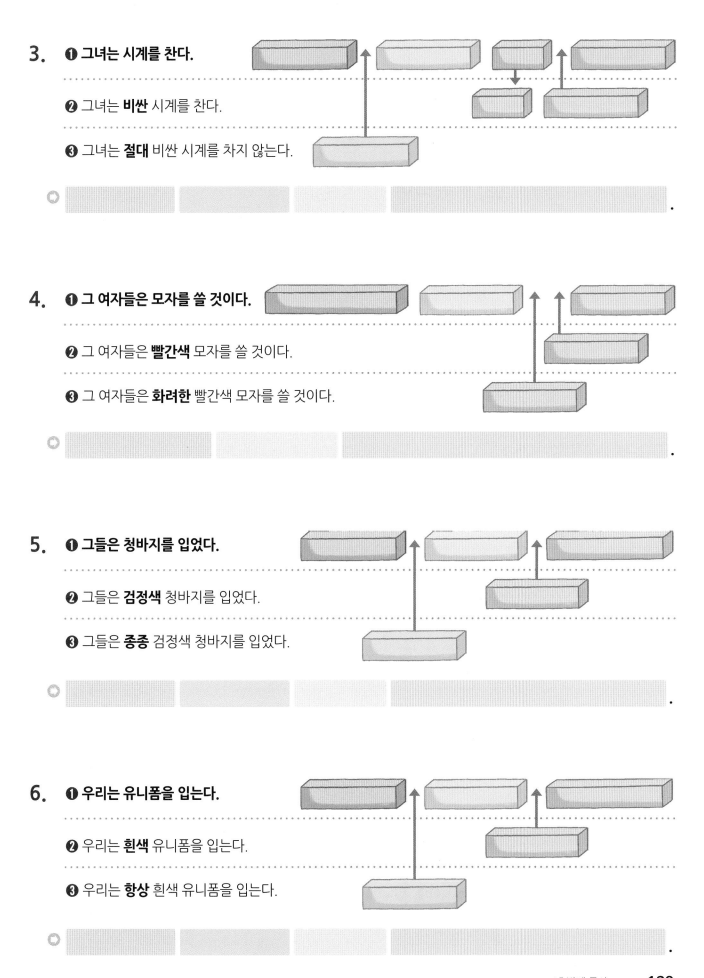

Step 4

의문문 만들기

① Do + 주어 + wear + 목적어?

주어가 You, We, They이거나 복수 명사일 경우에 '~을 입니?, ~을 입나요?'라고 물을 땐 Do를 맨 앞에 쓰면 돼요.

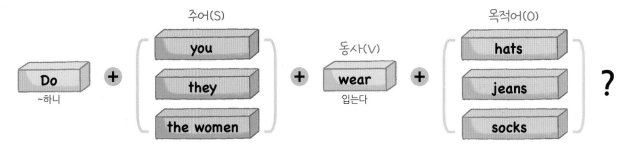

1. 그들은 모자를 쓰니?

○ [   ][   ][   ][   ] ? `No, they don't.`

2. 너희들은 항상 양말을 신니?

○ [   ][   ][   ][   ][   ] ?

`No, we don't.`

3. 그 여자들은 종종 청바지를 입나요?

○ [   ][   ][   ][   ][   ] ?

`Yes, they do.`

② Does + 주어 + wear + 목적어?

주어가 He, She이거나 단수 명사일 경우에 '~을 입니?, ~을 입나요?'라고 물을 땐 Does를 맨 앞에 써요.

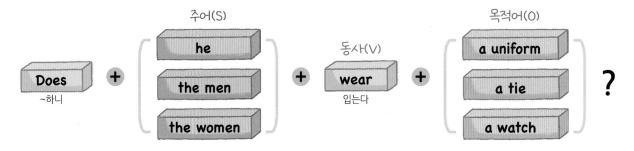

1. 그는 줄무늬 넥타이를 매니?

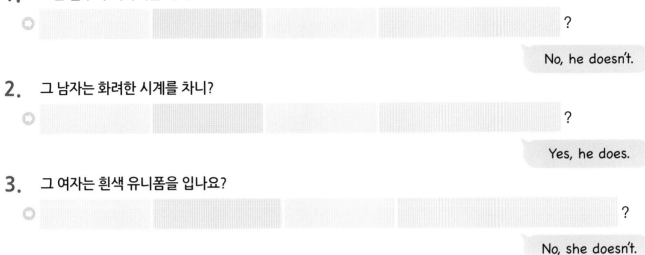

?

No, he doesn't.

2. 그 남자는 화려한 시계를 차니?

?

Yes, he does.

3. 그 여자는 흰색 유니폼을 입나요?

?

No, she doesn't.

③ Did + 주어 + wear + 목적어?

'~을 입었니?, ~을 입었어요?'라고 물을 땐 주어에 상관없이 Did를 맨 앞에 써요.

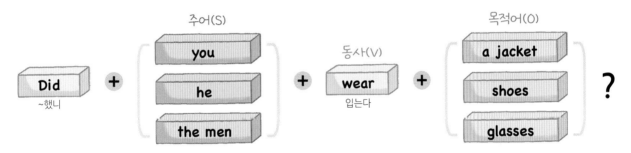

1. 네가 흰색 재킷을 입었니?

?

No, I didn't.

2. 그는 검정색 안경을 썼나요?

?

No, he didn't.

3. 그 남자는 비싼 신발을 신었나요?

?

Yes, he did.

④ What + do/does/did/will + 주어 + wear?

'무엇을 입는지/입었는지/입을 건지'를 물을 땐 의문사 What을 이용해요.

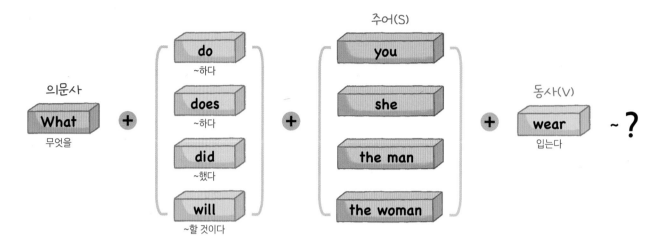

1. 그녀는 몇 사이즈 입어요?

○ [   ] size [   ] [   ] [   ] ?

　　　　　　　　　　　　　　　Size six.

2. 그 여자는 내일 뭐 입을까?

○ [   ] [   ] [   ] [   ] tomorrow ?

She will wear a red dress.

3. 그 남자는 어젯밤에 뭐 입었니?

○ [   ] [   ] [   ] [   ] last night ?

A white shirt and black jeans.

4. 넌 집에서 주로 뭐 입니?

○ [   ] [   ] [   ] usually [   ] in the house ?

A striped T-shirt and jeans.

CHALLENGE!

동사 buy를 이용하여 문장을 만들어 보세요.

산다	buy
	buys
샀다	bought
살 것이다	will buy

긍정문

1. 나는 줄무늬 안경을 샀다.

   ○   .

2. 그들은 화려한 시계를 몇 개 살 것이다.

   ○   .

3. 그녀는 어제 흰색 청바지를 샀어요.

   ○   yesterday .

4. 그 여자는 절대 빨간색 모자를 사지 않아요.

   ○   .

5. 그 남자는 항상 비싼 넥타이를 산다.

   ○   .

6. 우리는 가끔 알록달록한 양말을 산다.

   ○   .

사지 않는다	don't buy
	doesn't buy
사지 않았다	didn't buy
사지 않을 것이다	won't buy

부정문

1. 그는 흰색 모자를 사지 않는다.

⊙ _____ _____ _____ .

2. 그 여자는 새 드레스를 사지 않았어요.

⊙ _____ _____ _____ .

3. 그들은 검정색 청바지를 사지 않을 것이다.

⊙ _____ _____ _____ .

4. 우리는 비싼 시계를 하나도 사지 않는다.

⊙ _____ _____ _____ .

5. 그 남자는 화려한 넥타이를 사지 않아요.

⊙ _____ _____ _____ .

6. 그녀는 그 빨간색 재킷을 사지 않았다.

⊙ _____ _____ _____ .

사니?	Do ~ buy?
	Does ~ buy?
샀니?	Did ~ buy?
무엇을 사니[샀니/살 것이니]?	What do[did/will] ~ buy?

의문문

1. 그녀는 흰색 외투를 샀나요?
   ○   ?

2. 그들은 내일 뭘 살까요?
   ○   tomorrow   ?

3. 당신은 종종 화려한 모자를 사나요?
   ○   ?

4. 그는 비싼 안경을 사니?
   ○   ?

5. 그 남자들은 가게에서 뭘 샀나요?
   ○   in the store   ?

6. 너는 온라인상에서 주로 무엇을 사니?
   ○   usually   online   ?

REVIEW TEST

A. 우리말 뜻에 알맞게 동사 wear과 buy를 이용하여 빈칸을 채우세요.

1.

입는다[입고 있다]	입지 않는다	~을 입니?
_____ / wears	_____ /doesn't wear	Do/_____ ~ wear?
입었다	입지 않았다	~을 입었니?
_____	_____ wear	Did ~ _____ ?
입을 것이다	입지 않을 것이다	무엇을 입니[입었니]?
will _____	_____ wear	What do/does/did ~ _____ ?

2.

산다	사지 않는다	사니?
buy / _____	don't/ _____ buy	_____ /Does ~ buy?
샀다	사지 않았다	샀니?
_____	_____	Did ~ _____ ?
살 것이다	사지 않을 것이다	무엇을 사니[샀니]?
_____ buy	_____	What do/does/did ~ _____ ?

B. 주어진 단어를 순서대로 배열해 보세요.

> 문장의 첫 글자는 대문자로 쓰고, 문장 끝에 문장 부호를 쓰세요.

3. jeans | woman | the | wears | black

4. often | he | tie | wear | a | will

5. expensive | don't | they | wear | jackets

6. buy | she | didn't | white | coat | a

C. 주어진 문장을 지시대로 바꾸어 쓰세요.

7. The woman often wears glasses.

   부정문 ▷

8. The man sometimes wears a watch.

   의문문 ▷

9. I always wear a white uniform.

   부정문 ▷

10. We bought fancy striped socks.

    의문문 ▷

D. 주어진 단어들을 이용하여 우리말에 맞게 문장을 완성해 보세요.

11. 너희들은 항상 양말을 신니? ·· always | socks

    ▷

12. 그 여자들은 절대 빨간색 모자를 사지 않는다. ·············· never | hats

    ▷

13. 그들은 내일 무엇을 살 거니? ·· tomorrow

    ▷

맞힌 개수 :

/13 개

첫 번째 동사 **have**

이름 :

날짜 :

★ 우리말 뜻에 알맞은 영어 단어 또는 표현을 쓰세요.

1. 새로운, 새	2. 나쁜, 심한	3. 큰, 푸짐한	4. 사촌	5. 영어, 영어의

6. 중국인, 중국어	7. 아이디어, 생각	8. 돈	9. 희망	10. 점심 식사

11. 아침 식사	12. 저녁 식사	13. 치통	14. 복통	15. 두통

▶ a/an + 형용사 + 명사

1. 좋은 시간 _____

2. 새로운 생각 _____

3. 심한 두통 _____

4. 심한 치통 _____

5. 새 책 한 권 _____

6. 영어책 한 권 _____

7. 중국인 친구 한 명 _____

8. 영국식 아침 식사 _____

9. 푸짐한 저녁 식사 _____

10. 푸짐한 아침 식사 _____

▶ no/some/a lot of + 복수 명사

11. 친구가 전혀 없는 _____

12. 책 몇 권 _____

13. 몇몇 친구들 _____

14. 많은 아이디어들 _____

15. 많은 책들 _____

▶ no/some/a lot of + 단수 명사

16. 시간이 전혀 없는 _____

17. 희망이 전혀 없는 _____

18. 약간의 돈 _____

19. 많은 돈 _____

20. 많은 시간 _____

두 번째 동사 **make**

이름:

날짜:

★ 우리말 뜻에 알맞은 영어 단어 또는 표현을 쓰세요.

1. 소원, 소망	2. 계획	3. 실수	4. 수고, 노력	5. 문제, 말썽
_____	_____	_____	_____	_____

6. 나를	7. 그들을	8. 그를	9. 우리를	10. 그녀를
_____	_____	_____	_____	_____

11. 커피	12. 단순한	13. 진한, 독한	14. 딸	15. 아이
_____	_____	_____	_____	_____

▶ (a) + 형용사 / the same + 명사

1. 단순한 실수　＿＿＿＿＿＿＿

2. 큰 노력　＿＿＿＿＿＿＿

3. 성대한 저녁 식사　＿＿＿＿＿＿＿

4. 멋진 드레스　＿＿＿＿＿＿＿

5. 진한 커피　＿＿＿＿＿＿＿

6. 새로운 소망　＿＿＿＿＿＿＿

7. 새로운 계획들　＿＿＿＿＿＿＿

8. 똑같은 소원　＿＿＿＿＿＿＿

9. 똑같은 실수　＿＿＿＿＿＿＿

10. 똑같은 장난감들　＿＿＿＿＿＿＿

▶ with/for + 인칭대명사의 목적격

11. 나와 함께　＿＿＿＿＿＿＿

12. 우리와 함께　＿＿＿＿＿＿＿

13. 너와 함께　＿＿＿＿＿＿＿

14. 그들과 함께　＿＿＿＿＿＿＿

15. 그와 함께　＿＿＿＿＿＿＿

16. 나를 위해　＿＿＿＿＿＿＿

17. 우리를 위해　＿＿＿＿＿＿＿

18. 그녀를 위해　＿＿＿＿＿＿＿

19. 그들을 위해　＿＿＿＿＿＿＿

20. 너를 위해　＿＿＿＿＿＿＿

세 번째 동사 **do**

이름:

날짜:

★ 우리말 뜻에 알맞은 영어 단어 또는 표현을 쓰세요.

1. 항상

2. 종종

3. 절대 (~않다)

4. 집안일

5. 요리

6. 접시들

7. 숙제

8. 의무

9. 머리카락

10. 빨래, 세탁물

11. 쇼핑

12. 최선, 최상

13. 나쁜

14. 잘못된, 틀린

15. 옳은

▶ 빈도 부사 + do

1. 항상 하다

2. 종종 하다

3. 절대로 하지 않다

4. 항상 하지 않는다

5. 종종 하지 않는다

▶ -thing + 형용사

6. 뭔가 좋은 일

7. 뭔가 옳은 일

8. 옳은 모든 일

9. 아무 나쁜 일(없다)

10. 아무 잘못된 일(없다)

▶ 빈도 표현

11. 일주일에 한 번

12. 일주일에 두 번

13. 일주일에 세 번

14. 매일

15. 매주

16. 일요일마다

네 번째 동사 **wear**

이름 :

날짜 :

★ 우리말 뜻에 알맞은 영어 단어 또는 표현을 쓰세요.

1. 유니폼, 교복	2. 신발	3. 안경	4. 양말	5. 청바지, 면바지
_____	_____	_____	_____	_____

6. 재킷	7. 흰색(의)	8. 빨간색(의)	9. 검정색(의)	10. 시계
_____	_____	_____	_____	_____

11. 넥타이	12. 알록달록한	13. 화려한	14. 줄무늬의	15. 비싼
_____	_____	_____	_____	_____

▶ a/an + 형용사 + 단수 명사

1. 비싼 모자 _____

2. 빨간색 외투 _____

3. 흰색 유니폼 _____

4. 화려한 재킷 _____

5. 줄무늬 넥타이 _____

6. 알록달록한 시계 _____

▶ 형용사 + 복수 명사

7. 비싼 신발 _____

8. 줄무늬 양말 _____

9. 화려한 안경 _____

10. 알록달록한 안경 _____

11. 검정색 청바지 _____

12. 빨간색 양말 _____

▶ 빈도 부사 + wear

13. 항상 입다 _____

14. 종종 입다 _____

15. 가끔 입다 _____

16. 절대 입지 않다 _____

▶ will + 빈도 부사 + wear

17. 항상 입을 것이다 _____

18. 종종 입을 것이다 _____

19. 가끔 입을 것이다 _____

20. 절대 입지 않을 것이다 _____

have & need

이름 :

날짜 :

A. 주어진 단어를 사용하여 우리말에 맞게 문장을 완성하세요.

1. **have**

우리는 좋은 아이디어가 하나 있다. _____

나의 삼촌은 시간이 없다. _____

2. **has**

그는 머리가 많이 아프다. _____

우리 사촌은 푸짐한 저녁을 먹는다. _____

3. **had**

나는 좋은 시간을 보냈다. _____

그녀는 영국식 아침을 먹었다. _____

4. **need**

나는 돈이 좀 필요하다. _____

그는 많은 아이디어가 필요하지 않을 것이다. _____

5. **needs**

그의 삼촌은 아이디어가 좀 필요하다. _____

그녀의 이모는 친구들이 좀 필요하다. _____

6. **needed**

우리는 시간이 좀 필요했다. _____

그녀의 사촌은 책이 몇 권 필요했다. _____

B. 다음 문장을 우리말에 맞게 주어진 단어를 이용하여 바꿔 쓰세요. 단, 부정문은 축약형으로 쓰세요.

I have a toothache.

앞 문장은 다음 문장의 힌트가 되므로 문제를 차례대로 푸세요.

1. 우리는 시간이 전혀 없다.   no, time

   _____

2. 그는 친구가 전혀 없다.   has, friends

   _____

3. 너는 아이디어가 좀 있니?   any, ideas

   _____

4. 그녀는 심한 복통이 있니?   bad, stomachache

   _____

5. 그녀는 저녁을 먹었니?   did, dinner

   _____

6. 너는 무엇을 가지고 있었니?   what

   _____

7. 너는 무엇이 필요하니?   do, need

   _____

8. 그들은 무엇이 필요했니?   did

   _____

9. 나는 돈이 많이 필요했다.   needed, a lot of

   _____

10. 우리는 책이 많이 필요 없다.   don't, books

   _____

make & hate

이름 :

날짜 :

A. 주어진 단어를 사용하여 우리말에 맞게 문장을 완성하세요.

1. **make**

그의 딸들은 소원을 빌 것이다. _____

그들의 아이는 말썽을 부리지 않는다. _____

2. **makes**

그녀의 아들은 노력한다. _____

그의 어머니는 커피를 끓인다. _____

3. **made**

그는 새로운 계획을 세웠다. _____

그들은 큰 실수를 했다. _____

4. **hate**

그녀의 어머니는 커피를 싫어하지 않는다. _____

그의 아들들은 단순한 장난감들을 싫어하지 않았다. _____

5. **hates**

그녀의 아버지는 진한 커피를 싫어한다. _____

그의 딸은 똑같은 드레스를 싫어한다. _____

6. **hated**

그들의 아이들은 그 케이크를 싫어했다. _____

나의 부모님은 그의 단순한 계획을 싫어했다. _____

B. 다음 문장을 우리말에 맞게 주어진 단어를 이용하여 바꿔 쓰세요. 단, 부정문은 축약형으로 쓰세요.

Her son makes toys.

앞 문장은 다음 문장의 힌트가 되므로 문제를 차례대로 푸세요.

1. 그녀의 아들은 소원을 빌었다.   made, wish

    _____

2. 그녀의 아들은 돈을 벌지 않았다.   not, money

    _____

3. 그녀의 딸은 말썽을 부리지 않았다.   daughter, trouble

    _____

4. 그녀의 딸이 노력했니?   did, effort

    _____

5. 그는 너희들을 위해 돈을 버니?   does, for

    _____

6. 그는 너희들과 함께 무엇을 만드니?   what, with

    _____

7. 너는 무엇을 싫어하니?   hate

    _____

8. 그의 어머니는 무엇을 싫어하시니?   mother

    _____

9. 너의 부모님은 무엇을 싫어하시니?   parents

    _____

10. 그들의 아이들은 그 케이크를 싫어할 것이다.   will

    _____

do & enjoy

A. 주어진 단어를 사용하여 우리말에 맞게 문장을 완성하세요.

1. **do**

   나는 매일 숙제를 한다. _____

   우리는 최선을 다할 것이다. _____

2. **does**

   그녀는 종종 쇼핑을 한다. _____

   그는 일주일에 두 번 요리를 한다. _____

3. **did**

   그들은 좋은 일을 했다. _____

   우리는 잘못한 게 없었다(아무 잘못된 일을 하지 않았다). _____

4. **enjoy**

   나는 쇼핑하는 것을 즐긴다. _____

   나의 어머니는 설거지하는 것을 즐기지 않으신다. _____

5. **enjoys**

   그녀는 머리 손질하는 것을 즐긴다. _____

   나의 아버지는 집안일을 즐기신다. _____

6. **enjoyed**

   그들은 모든 것을 올바르게 하는 것을 즐겼다. _____

   우리는 일요일마다 요리하는 것을 즐겼다. _____

B. 다음 문장을 우리말에 맞게 주어진 단어를 이용하여 바꿔 쓰세요. 단, 부정문은 축약형으로 쓰세요.

I did my homework.

> 앞 문장은 다음 문장의 힌트가 되므로 문제를 차례대로 푸세요.

1. 나는 숙제를 하지 않았다.　 not

   _____

2. 나는 매일 최선을 다할 것이다.　 will, best

   _____

3. 너는 최선을 다할 거니?　 your

   _____

4. 너는 일요일마다 빨래를 하니?　 laundry

   _____

5. 너는 어제 무엇을 했니?　 what, yesterday

   _____

6. 그는 무슨 일을 하니?　 he, does

   _____

7. 그는 일요일에 무엇을 즐기니?　 enjoy, on

   _____

8. 그들은 매주 무엇을 즐겼니?　 did, week

   _____

9. 그들은 설거지 하는 것을 즐기지 않았다.　 not, doing

   _____

10. 그녀는 좋은 일 하는 것을 즐긴다.　 something

    _____

wear & buy

A. 주어진 단어를 사용하여 우리말에 맞게 문장을 완성하세요.

1. **wear**

나는 항상 청바지를 입는다. _____

그 남자들은 넥타이를 매지 않을 것이다. _____

2. **wears**

그녀는 흰색 유니폼을 입는다. _____

그는 결코 줄무늬 양말을 신지 않는다. _____

3. **wore**

그 여자는 가끔 안경을 썼다. _____

그 남자는 알록달록한 시계를 찼다. _____

4. **buy**

나는 검정 청바지를 살 것이다. _____

그녀는 빨간색 외투는 사지 않을 것이다. _____

5. **buys**

그 여자는 절대로 비싼 모자를 사지 않는다. _____

그 남자는 종종 알록달록한 양말을 산다. _____

6. **bought**

그는 화려한 신발을 샀다. _____

그녀는 비싼 시계를 샀다. _____

B. 다음 문장을 우리말에 맞게 주어진 단어를 이용하여 바꿔 쓰세요. 단, 부정문은 축약형으로 쓰세요.

> We often wear hats.

앞 문장은 다음 문장의 힌트가 되므로 문제를 차례대로 푸세요.

1. 우리는 가끔 빨간색 모자를 쓴다. sometimes, red

   _____

2. 우리는 검정색 청바지를 입었다. wore, jeans

   _____

3. 그들은 검정색 안경을 썼니? glasses

   _____

4. 그는 종종 안경을 쓰지 않았다. often

   _____

5. 그는 어제 무엇을 입었니? what, yesterday

   _____

6. 그 여자는 내일 무엇을 입을까? tomorrow

   _____

7. 너는 무엇을 살 거니? you

   _____

8. 너는 줄무늬 양말을 사니? striped

   _____

9. 그녀는 흰색 외투를 샀니? white

   _____

10. 그녀는 결코 검정색 재킷을 사지 않는다. never, jacket

   _____

기적의 외국어 학습서

	기본서 (필수 학습)	특화서 (보완/강화 학습)

유아 종합

 만 2세 이상   만 3세 이상   만 5세 이상   만 5세 이상

 3세 이상 전 12권   3세 이상 전 12권   3세 이상 전 12권   3세 이상

파닉스

 만 6세 이상 전 3권   만 7세 이상 전 3권

 1~3학년

단어

기적의 초등 영단어 Starter   출간 예정   3학년 이상 전 2권   5학년 이상 전 3권

 1~3학년

읽기

 7세~1학년 전 3권 2, 3학년 전 3권 4, 5학년 전 2권 6학년 이상 전 2권

 1~3학년 전 3권

영작

 4학년 이상 전 5권   5학년 이상 전 2권

 3학년 이상    4, 5학년   5, 6학년   5학년 이상

문법

 2학년 이상 전 5권   4학년 이상 전 3권

 3학년 이상 전 2권   6학년

회화 듣기

 기적의 영어 듣기   출간 예정

 3학년 이상 전 2권

초등 필수 무작정 따라하기

초등 영어 교육과정과 밀착된 필수학습을 한 권으로 총정리해 줍니다.

| 1학년 이상 | 1학년 이상 | 1학년 이상 | 1학년 이상 | 3학년 이상 |

미국교과서 READING

최신 미국교과서로 독해 실력과 교과 지식을 동시에 넓히는 기적의 리딩 학습

유아~초등 초급 전 3권 　초등 초급 전 3권 　초등 중급 전 3권 　초등 고급 전 3권 　중등 이상 전 3권 　초등 중급 전 2권 　초등 중급 전 2권 　초등 중급 전 3권

흥미로운 컨텐츠의 학습서

액티비티가 풍부한 유아 워크북, 노래로 배우는 영어,
디즈니 대본으로 배우는 회화표현 등 재미가 가득한 유초등 영어 학습서

4세 이상　4세 이상　3세 이상　3세 이상　3세 이상　3세 이상　3세 이상　3학년 이상 전 2권

2학년 이상　3학년 이상　3학년 이상　3학년 이상　3학년 이상　3학년 이상　3학년 이상　3학년 이상

3학년 이상　3학년 이상　유아 전 5권　유아

길벗스쿨

기적의 영어문장 만들기

정답

3 | 3형식 문장

길벗스쿨

기적의 영어문장 만들기 3

정답

3형식 문장

길벗스쿨

첫 번째 동사 have

3. His uncle / won't have / a lot of / money
4. Her aunt / doesn't have / any / hope
5. Your cousin / didn't have / a lot of / friends
6. I / don't have / any / time

Step3 슈퍼 문장 만들기

연습팍팍 p.32

1. ① I / have / a / friend
   ② some / friends
   ③ good
   I / have / some good friends

2. ① He / will have / breakfast
   ② an / English
   ③ a / big
   He / will have / a big breakfast

3. ① She / has / an / idea
   ② a / new
   ③ no / ideas
   She / has / no new ideas

4. ① We / had / hope
   ② some
   ③ new
   We / had / some new hope

5. ① My aunt / has / money
   ② a lot of
   ③ Chinese
   My aunt / has / a lot of Chinese money

6. ① I / have / a / book
   ② a lot of / books
   ③ English
   I / have / a lot of English books

Step4 의문문 만들기

❶ Do + 주어 + have + 목적어? p.34

1. Do / you / have / a bad headache
2. Do / they / have / a good idea
3. Do / you / have / any money

❷ Does + 주어 + have + 목적어? p.35

1. Does / he / have / a bad toothache
2. Does / she / have / an English friend
3. Does / your cousin / have / breakfast

❸ Did + 주어 + have + 목적어?

1. Did / they / have / any hope
2. Did / you / have / a good time
3. Did / his friend / have / a big dinner

❹ What + do/does/did/will + 주어 + have? ··· p.36

1. What / did / they / have
2. What / do / you / have
3. What / does / he / have
4. What / will / her cousin / have

CHALLENGE!

긍정문 p.37

1. They / will need // time
2. You / need / some friends
3. I / needed / a lot of money
4. He / needs / some new ideas
5. We / needed / a good computer
6. Her cousin / needs / some English books

부정문 p.38

1. He / doesn't need / any money
2. I / don't need / any time
3. We / don't need / an English book
4. Her friend / didn't need / a lot of money
5. His aunt / won't need / a new idea
6. They / didn't need / a lot of Chinese books

의문문 p.39

1. What / do / they / need
2. What / does / she / need
3. What / did / his uncle / need
4. Does / he / need / an English book
5. Do / you / need / any time
6. Did / she / need / a good friend

A p.40

1.

has	don't	Does
had	didn't	have
have	won't	have

2.

needs	doesn't	Do
needed	didn't, need	need
will	won't, need	need

B

3. We have an English book.
4. His uncle has a good idea.
5. Their cousin won't have breakfast.
6. She doesn't need any money.

C p.41

7. They won't have a big dinner.
8. She has a bad headache.
9. Did they have a good time?
10. He doesn't need a lot of Chinese books.

D

11. He had a big breakfast.
12. What do you need?
13. I don't need any time.

Step1 문장의 뼈대 만들기 ❶

연습팍팍 ·· p.46

1. I / make / a dress
2. I / don't make / a cake
3. You / make / a toy
4. You / don't make / a cake
5. We / make / a dress
6. We / don't make / a toy
7. They / make / a cake
8. They / don't make / a toy

Step1 문장의 뼈대 만들기 ❷

연습팍팍 ·· p.49

1. His daughter / makes / an effort
2. His daughter / doesn't make / trouble
3. Her son / makes / a mistake
4. Her son / doesn't make / an effort
5. Their child / makes / trouble
6. Their child / doesn't make / a mistake

Step1 문장의 뼈대 만들기 ❸

연습팍팍 ·· p.52

1. His father / made / money
2. His father / didn't make / coffee
3. Her mother / made / coffee
4. Her mother / didn't make / dinner
5. Their parents / made / dinner
6. Their parents / didn't make / money

Step1 문장의 뼈대 만들기 ❹

연습팍팍 ·· p.55

1. His daughters / will make / a wish
2. His daughters / won't make / friends
3. Her sons / will make / a plan
4. Her sons / won't make / a wish
5. Their children / will make / friends
6. Their children / won't make / a plan

Step2 문장에 살 붙이기 ❶

연습팍팍❶ ·· p.58

1. I / will make / a / nice / dress
2. We / made / a / simple / mistake
3. They / made / a / big / effort
4. I / made / a / nice / cake
5. We / make / a / new / dress
6. They / will make / the / same / mistake

연습팍팍❷ ·· p.59

1. I / made / a big mistake
2. We / made / the same toys
3. She / makes / a new dress
4. His daughters / make / a simple cake
5. His father / made / a big wish
6. Their parents / will make / nice plans

Step2 문장에 살 붙이기 ❷

연습팍팍❶ ·· p.62

1. My parents / make / a dress / with me
2. Your father / will make / a wish / with us
3. Our child / made / a cake / for them
4. Her mother / makes / money / for her
5. Her sons / will make / dinner / with you
6. Their daughter / made / coffee / for him

연습팍팍❷ ·· p.63

1. She / doesn't make / plans / with them
2. Your mother / didn't make / a mistake / with us
3. Our parents / don't make / toys / for her
4. His children / won't make / trouble / for you
5. Her son / didn't make / friends / with him

6. They / won't make / an effort / with me

Step 3 슈퍼 문장 **만들기**

연습팍팍 ·· p.64

1. ① My parents / will make / plans
   ② new
   ③ with them
   My parents / will make / new plans / with them

2. ① His father / made / a / wish
   ② big
   ③ for him
   His father / made / a big wish / for him

3. ① My mother / made / a / cake
   ② nice
   ③ for me
   My mother / made / a nice cake / for me

4. ① She / makes / dinner
   ② a / big
   ③ for us
   She / makes / a big dinner / for us

5. ① I / will make / a / dress
   ② nice
   ③ for her
   I / will make / a nice dress / for her

6. ① His son / made / a / mistake
   ② the / same
   ③ with her
   His son / made / the same mistake / with her

Step 4 의문문 **만들기**

❶ Do + 주어 + make + 목적어? ············· p.66

1. Do / your parents / make / dinner
2. Do / her sons / make / trouble
3. Do / his children / make / an effort

❷ Does + 주어 + make + 목적어? ·········· p.67

1. Does / her son / make / money / for them
2. Does / his mother / make / coffee / for him
3. Does / their child / make / toys / with him

❸ Did + 주어 + make + 목적어?

1. Did / her mother / make / a wish
2. Did / his father / make / the same mistake
3. Did / their parents / make / plans / with her

❹ What + do/does/did/will + 주어 + make? ·· p.68

1. What / do / your parents / make / with them
2. What / does / his mother / make
3. What / did / her daughter / make
4. What / will / their children / make

CHALLENGE!

긍정문 ·· p.69

1. His son / hates / a simple toy
2. Her father / hated / strong coffee
3. My daughter / will hate / the same dress
4. Their children / hated / the cake
5. His mother / will hate / his new friends
6. My parents / hate / a big dinner

부정문 ·· p.70

1. I / don't hate / his friends
2. His sons / didn't hate / simple toys
3. Her mother / doesn't hate / coffee
4. Their parents / won't hate / his new plans
5. His father / didn't hate / the book
6. Your daughter / won't hate / the new dress

의문문 ·· p.71

1. Do / you / hate / English?
2. Does / his son / hate / toys?
3. Did / their child / hate / the new plan?
4. What / does / her father / hate?
5. What / do / your parents / hate?
6. What / will / his daughters / hate?

A ·· p.72

1.

make	don't	Does
made	didn't	make
make	won't	make

2.

hates	doesn't	Do
hated	didn't, hate	hate
will	won't, hate	hate

B

3. His son makes a mistake.
4. She made the same dress.
5. Their child doesn't make trouble.
6. He hates strong coffee.

C ·· p.73

7. Her sons don't make trouble every day.
8. She makes friends with them.
9. Does her daughter make plans?
10. I won't hate my friends.

D

11. Her mother makes money with them.
12. His child didn't make a wish.
13. Does his son hate simple toys?

세 번째 동사 do

5. She / will do / the shopping / every Sunday
6. My mother / does / the housework /
    three times a week

연습팍팍❷ ·· p.95

1. We / don't do / our homework / twice a week
2. They / didn't do / the laundry / three times
    a week
3. He / doesn't do / the dishes / every Sunday
4. I / didn't do / the cooking / once a week
5. My father / won't do / the dishes / every
    week
6. She / doesn't do / her hair / every day

Step3 슈퍼 문장 만들기

연습팍팍 ·· p.96

1. ① I / do / the dishes
    ② often
    ③ once a week
    I / often / do / the dishes / once a week

2. ① She / did / something
    ② right
    ③ always
    She / always / did / something right

3. ① My mother / does / the cooking
    ② never
    ③ every Sunday
    My mother / never / does / the
    cooking / every Sunday

4. ① They / do / the shopping
    ② never
    ③ every Sunday
    They / never / do / the shopping / every
    Sunday

5. ① He / does / his best
    ② always
    ③ every day
    He / always / does / his best / every day

6. ① We / did / the housework
    ② always
    ③ three times a week
    We / always / did / the housework / three
    times a week

Step4 의문문 만들기

❶ Do + 주어 + do + 목적어? ················· p.98

1. Do / you / often / do / the housework
2. Do / you / do / your homework / every day
3. Do / they / do / the shopping / every Sunday

❷ Does + 주어 + do + 목적어? ··············· p.99

1. Does / she / always / do / the laundry / twice
    a week
2. Does / your mother / often / do / her hair
3. Does / he / do / the cooking

❸ Did + 주어 + do + 목적어?

1. Did / you / do / your homework
2. Did / he / do / the dishes / every Sunday
3. Did / she / always / do / her best

❹ What + do/does/did/will + 주어 + 동사?
    ·· p.100

1. What / do / you / do
2. What / does / he / do
3. What / did / they / do
4. What / will / his mother / do

긍정문 ·· p.101

1. I / often / enjoy
2. My father / enjoyed / doing the housework
3. We / enjoyed / doing the cooking / every Sunday
4. He / will enjoy / doing his best / every week
5. Our mother / never / enjoys / doing the dishes
6. She / enjoys / doing her hair

부정문 ·· p.102

1. I / don't enjoy / doing my homework
2. He / doesn't enjoy / doing the cooking
3. They / didn't enjoy / doing the dishes
4. She / won't enjoy / doing the housework / every day
5. I / don't enjoy / doing the shopping / every week
6. We / didn't enjoy / doing the laundry / twice a week

의문문 ·· p.103

1. Did / he / enjoy / doing his homework
2. What / do / you / enjoy / every week
3. What / did / they / enjoy
4. What / does / he / enjoy / every Sunday
5. Do / you / enjoy / doing your hair / every day
6. Does / she / always / enjoy / doing the cooking

A ·· p.104

1.

do	don't	Does
did	didn't	do
do	won't	do

2.

enjoys	doesn't	Do
enjoyed	didn't, enjoy	enjoy
will	won't, enjoy	enjoy

B

3. She often does the shopping.
4. I do my homework every day.
5. They never do the housework.
6. We enjoyed doing the cooking.

C ·· p.105

7. Did we do our best?
8. I don't do the housework twice a week.
9. She does the dishes once a week.
10. Do you enjoy doing the shopping every week?

D

11. She often does something right.
12. Does he never do anything?
13. What do you enjoy every Sunday?

네 번째 동사 **wear**

Step1 문장의 뼈대 만들기 ❶

연습팍팍 ·········· p.110

1. I / wear / a jacket
2. I / don't wear / a uniform
3. You / wear / a coat
4. You / don't wear / uniforms
5. We / wear / coats
6. We / don't wear / jackets
7. They / wear / coats
8. They / don't wear / uniforms

Step1 문장의 뼈대 만들기 ❷

연습팍팍 ·········· p.113

1. He / wears / jeans
2. He / doesn't wear / glasses
3. She / wears / socks
4. She / doesn't wear / jeans
5. The man / wears / glasses
6. The man / doesn't wear / socks
7. The woman / wears / jeans
8. The woman / doesn't wear / glasses

Step1 문장의 뼈대 만들기 ❸

연습팍팍 ·········· p.116

1. I / wore / red
2. We / didn't wear / black
3. They / wore / white
4. She / didn't wear / white
5. The man / wore / black
6. The woman / didn't wear / red
7. I / wore / black
8. They / didn't wear / red
9. The man / wore / white

Step1 문장의 뼈대 만들기 ❹

연습팍팍 ·········· p.119

1. He / will wear / a hat
2. The man / won't wear / a tie
3. The woman / will wear / a watch
4. They / won't wear / ties
5. The men / will wear / hats
6. The women / won't wear / watches
7. The man / will wear / a hat
8. He / won't wear / a tie

Step2 문장에 살 붙이기 ❶

연습팍팍❶ ·········· p.122

1. We / wore / black jeans
2. They / will wear / fancy glasses
3. I / wear / a red coat
4. He / wears / an expensive hat
5. The woman / will wear / white shoes
6. The man / wore / a colorful watch

연습팍팍❷ ·········· p.123

1. We / didn't wear / white uniforms
2. They / won't wear / striped socks
3. She / doesn't wear / black shoes
4. I / don't wear / a colorful tie
5. The woman / didn't wear / an expensive jacket
6. The man / won't wear / a red hat

Step2 문장에 살 붙이기 ❷

연습팍팍❶ ·········· p.126

1. I / always / wear / black jeans
2. We / sometimes / wear / colorful socks
3. They / often / wore / fancy watches
4. The woman / always / wears / a red hat

5. He / will / never / wear / an expensive coat
6. The man / always / wore / jeans

연습팍팍② ·················· p.127
1. We / don't / always / wear / red socks
2. She / doesn't / often / wear / glasses
3. They / won't / always / wear / ties
4. I / didn't / often / wear / a uniform
5. The men / don't / always / wear / black jackets
6. The women / didn't / often / wear / hats

Step 3 슈퍼 문장 만들기

연습팍팍 ·················· p.128
1. ① I / wear / socks
   ② colorful
   ③ always
   I / always / wear / colorful socks

2. ① The man / wore / a / jacket
   ② black
   ③ sometimes
   The man / sometimes / wore / a black jacket

3. ① She / wears / a / watch
   ② an / expensive
   ③ never
   She / never / wears / an expensive watch

4. ① The women / will wear / hats
   ② red
   ③ fancy
   The women / will wear / fancy red hats

5. ① They / wore / jeans
   ② black
   ③ often
   They / often / wore / black jeans

6. ① We / wear / uniforms
   ② white
   ③ always
   We / always / wear / white uniforms

Step 4 의문문 만들기

❶ Do + 주어 + wear + 목적어? ·········· p.130
1. Do / they / wear / hats
2. Do / you / always / wear / socks
3. Do / the women / often / wear / jeans?

❷ Does + 주어 + wear + 목적어? ········ p.131
1. Does / he / wear / a striped tie
2. Does / the man / wear / a fancy watch
3. Does / the woman / wear / a white uniform

❸ Did + 주어 + wear + 목적어?
1. Did / you / wear / a white jacket
2. Did / he / wear / black glasses
3. Did / the man / wear / expensive shoes

❹ What + do/does/did/will + 주어 + wear?
·················· p.132
1. What // does / she / wear
2. What / will / the woman / wear
3. What / did / the man / wear
4. What / do / you // wear

CHALLENGE!

긍정문 ·················· p.133
1. I / bought / striped glasses
2. They / will buy / some fancy watches
3. She / bought / white jeans
4. The woman / never / buys / a red hat
5. The man / always / buys / an expensive tie
6. We / sometimes / buy / colorful socks

부정문 ·················· p.134
1. He / doesn't buy / a white hat
2. The woman / didn't buy / a new dress
3. They / won't buy / black jeans
4. We / don't buy / any expensive watches
5. The man / doesn't buy / a fancy tie
6. She / didn't buy / the red jacket

1. Did / she / buy / a white coat
2. What / will / they / buy
3. Do / you / often / buy / a fancy hat
4. Does / he / buy / expensive glasses
5. What / did / the men / buy
6. What / do / you // buy

REVIEW TEST

A ······························· p.136

1.
wear	don't	Does
wore	didn't	wear
wear	won't	wear

2.
buys	doesn't	Do
bought	didn't, buy	buy
will	won't, buy	buy

B

3. The woman wears black jeans.
4. He will often wear a tie.
5. They don't wear expensive jackets.
6. She didn't buy a white coat.

C ······························· p.137

7. The woman doesn't often wear glasses.
8. Does the man sometimes wear a watch?
9. I don't always wear a white uniform.
10. Did we buy fancy striped socks?

D

11. Do you always wear socks?
12. The women never buy red hats.
13. What will they buy tomorrow?

1. new   6. Chinese   11. breakfast
2. bad   7. idea   12. dinner
3. big   8. money   13. toothache
4. cousin   9. hope   14. stomachache
5. English 10. lunch   15. headache

▶

1. a good time   6. an English book
2. a new idea   7. a Chinese friend
3. a bad headahe   8. an English breakfast
4. a bad toothache   9. a big dinner
5. a new book   10. a big breakfast

▶

11. no friends   16. no time
12. some books   17. no hope
13. some friends   18. some money
14. a lot of ideas   19. a lot of money
15. a lot of books   20. a lot of time

1. wish   6. me   11. coffee
2. plan   7. them   12. simple
3. mistake   8. him   13. strong
4. effort   9. us   14. daughter
5. trouble   10. her   15. child

▶

1. a simple mistake   6. a new wish
2. a big effort   7. new plans
3. a big dinner   8. the same wish
4. a nice dress   9. the same mistake
5. strong coffee   10. the same toys

▶

11. with me   16. for me
12. with us   17. for us
13. with you   18. for her
14. with them   19. for them
15. with him   20. for you

Word Test ③ ···························· p.140

1. always
2. often
3. never
4. housework
5. cooking
6. dishes
7. homework
8. duty
9. hair
10. laundry
11. shopping
12. best
13. bad
14. wrong
15. right

▶

1. always do
2. often do
3. never do
4. always don't
5. often don't
6. something good
7. something right
8. everything right
9. nothing bad
10. nothing wrong

▶

11. once a week
12. twice a week
13. three times a week
14. every day
15. every week
16. every Sunday

Word Test ④ ···························· p.141

1. uniform
2. shoes
3. glasses
4. socks
5. jeans
6. jacket
7. white
8. red
9. black
10. watch
11. tie
12. colorful
13. fancy
14. striped
15. expensive

▶

1. an expensive hat
2. a red coat
3. a white uniform
4. a fancy jacket
5. a striped tie
6. a colorful watch
7. expensive shoes
8. striped socks
9. fancy glasses
10. colorful glasses
11. black jeans
12. red socks

▶

13. always wear
14. often wear
15. sometimes wear
16. never wear
17. will always wear
18. will often wear
19. will sometimes wear
20. will never wear

Final Test ❶

A. ···························· p.142

1. We have a good idea.
   My uncle doesn't have time.
2. He has a bad headache.
   Our cousin has a big dinner.
3. I had a good time.
   She had an English breakfast.
4. I need some money.
   He won't need a lot of ideas.
5. His uncle needs some ideas.
   Her aunt needs some friends.
6. We needed some time.
   Her cousin needed some books.

B. ···························· p.143

1. We have no time.
2. He has no friends.
3. Do you have any ideas?
4. Does she have a bad stomachache?
5. Did she have dinner?
6. What did you have?
7. What do you need?
8. What did they need?
9. I needed a lot of money.
10. We don't need a lot of books.

Final Test ❷

A. ···························· p.144

1. His daughters will make a wish.
   Their child doesn't make trouble.
2. Her son makes an effort.
   His mother makes coffee.
3. He made a new plan.
   They made a big mistake.
4. Her mother doesn't hate coffee.
   His sons didn't hate simple toys.
5. Her father hates strong coffee.
   His daughter hates the same dress.
6. Their children hated the cake.
   My parents hated his simple plan.

B. p.145

1. Her son made a wish.
2. Her son didn't make money.
3. Her daughter didn't make trouble.
4. Did her daughter make an effort?
5. Does he make money for you?
6. What does he make with you?
7. What do you hate?
8. What does his mother hate?
9. What do your parents hate?
10. Their children will hate the cake.

Final Test ❸

A. p.146

1. I do my homework every day.
   We will do our best.
2. She often does the shopping.
   He does the cooking twice a week.
3. They did something good.
   We did nothing wrong.
4. I enjoy doing the shopping.
   My mother doesn't enjoy doing the dishes.
5. She enjoys doing her hair.
   My father enjoys doing the housework.
6. They enjoyed doing everything right.
   We enjoyed doing the cooking every Sunday.

B. p.147

1. I didn't do my homework.
2. I will do my best every day.
3. Will you do your best?
4. Do you do the laundry every Sunday?
5. What did you do yesterday?
6. What does he do?
7. What does he enjoy on Sunday?
8. What did they enjoy every week?
9. They didn't enjoy doing the dishes.
10. She enjoys doing something good.

Final Test ❹

A. p.148

1. I always wear jeans.
   The men won't wear ties.
2. She wears a white uniform.
   He never wears striped socks.
3. The woman sometimes wore glasses.
   The man wore a colorful watch.
4. I will buy black jeans.
   She won't buy a red coat.
5. The woman never buys an expensive hat.
   The man often buys colorful socks.
6. He bought fancy shoes.
   She bought an expensive watch.

B. p.149

1. We sometimes wear red hats.
2. We wore black jeans.
3. Did they wear black glasses?
4. He didn't often wear glasses.
5. What did he wear yesterday?
6. What will she wear tomorrow?
7. What will you buy?
8. Do you buy striped socks?
9. Did she buy a white coat?
10. She never buys a black jacket.

수고하셨습니다.
4권에서 만나요~